Herman Haupt

Die religiösen Sekten in Franken vor der Reformation

Herman Haupt

Die religiösen Sekten in Franken vor der Reformation

ISBN/EAN: 9783743347250

Hergestellt in Europa, USA, Kanada, Australien, Japan

Cover: Foto ©Lupo / pixelio.de

Manufactured and distributed by brebook publishing software
(www.brebook.com)

Herman Haupt

Die religiösen Sekten in Franken vor der Reformation

DIE

RELIGIÖSEN SEKTEN IN FRANKEN

VOR DER REFORMATION.

Von

DR. HERMAN HAUPT,

ASSISTENT AN DER UNIVERSITÄTS-BIBLIOTHEK ZU WÜRZBURG.

———•—•—:—•—•———

WÜRZBURG.

A. STUBER'S BUCH- UND KUNSTHANDLUNG.

1882.

Die ersten Spuren von dem Bestehen ketzerischer Sekten in Franken finden sich in einer im März 1232 erlassenen Verordnung des Kaisers Friedrich II.[1]), der bekanntlich trotz seiner freien und aufgeklärten

religiösen Anschauungen zuerst der Inquisition eine feste Organisation gegeben und den Feuertod als die allgemeine Strafe der Häresie festgesetzt hat.[2]) In jener Verordnung wiederholt der Kaiser seine schon früher abgegebene Erklärung, dass er Alles daran setzen wolle, um die von der Kirche Abgefallenen ihrer verdienten Strafe, dem Tode, zu überliefern; auch wer sich dazu bereit erkläre, seine Irrthümer abzuschwören, solle zu lebenslänglicher Kerkerhaft verurtheilt werden. Gleich schwere Strafen sind den Beschützern der Häretiker in Aussicht gestellt, und auch deren Nachkommen bis ins zweite Geschlecht sollen durch die Einziehung ihres gesammten Vermögens an die Schuld ihrer Vorfahren erinnert werden. Nur wer als Ankläger gegen seine ketzerischen Eltern auftritt, wird von dieser Massregel ausgenommen. Das Amt von Inquisitoren „in partibus Theutoniae" überträgt Friedrich II. in jenem Erlasse dem Prior und den Brüdern des Dominikanerklosters zu Würzburg; angesichts des Umstandes, dass wir die gleichzeitig zu Inquisitoren ernannten Regensburger Dominikaner in demselben Jahre als Glaubens-

---

[1]) Mon. Germ. IV (Leg. II) S. 288—289. Vgl. Monumenta Boica XXX S. 126—188. Ueber die an das gesammte deutsche Episcopat von Seite des Papstes Gregor IX. um 1232 ergangene Aufforderung zur Verfolgung der Ketzerei vgl. Kaltner, Konrad von Marburg 1882 S. 145, über die diesbezüglichen Verordnungen des Mainzer Provincialconcils vom Jahre 1233 vgl. Mone in Zeitschrift f. Gesch. des Oberrheins III. S. 129 ff. und Kaltner a. a. O. S. 146.

[2]) Ficker, Die gesetzliche Einführung der Todesstrafe für Ketzerei. Mittheilungen des Instituts für österreichische Geschichtsforschung I 1880 S. 177—226.

richter im Baierischen thätig finden[1]), liegt die Annahme nahe, dass
der Wirkungskreis der Würzburger Dominikaner auf Franken, vielleicht
speciell auf die Diöcese Würzburg sich beschränkt hat.[2])

Die ketzerischen Sekten, gegen welche sich die Verfolgung der
Würzburger Predigermönche richten sollte, werden in dem diesen aus-
gestellten Dekrete nicht genannt; dagegen finden wir eine Aufzählung
der in Deutschland verbreiteten Häretiker in einer am 22. Februar 1232
erlassenen, gleichfalls mit der Bestrafung der Ketzerei sich beschäftigenden
kaiserlichen Verordnung[3]), die auch speciell dem Bischof Hermann I. von
Würzburg zugestellt wurde.

Von den dort aufgeführten Sekten[4]) kommen für Franken wohl
nur die der Katharer und Leonisten (Waldenser) in Betracht;
auch die letztere Sekte, um das Jahr 1170 begründet, kann aber um
jene Zeit noch kaum eine weitere Verbreitung in Mitteldeutschland
erlangt haben, da erst im Jahre 1265 Spuren von dem Vorkommen
von Waldensern in der Diöcese Regensburg sich finden.[5]) So bleiben
noch die Katharer übrig, die im 13. Jahrhundert in Süddeutschland,
am Rhein, namentlich in Cöln und Mainz, ferner in Hessen und Nassau
viele Anhänger zählten. Noch bis zum Anfang des 14. Jahrhunderts
hat sich die von den Katharern vertretene dualistische Lehre von dem
guten und bösen Gotte und ihre Unterscheidung zwischen dem wahren
und falschen Christus[6]) in Franken erhalten: als man um das Jahr
1340 in Nürnberg mehrere zum Feuertode verurtheilte Ketzer durch
das Vorzeigen des Kruzifixes zur Reue und zum Widerrufe zu bewegen
suchte, spieen sie unter Verwünschungen vor demselben aus, erklärten,
dass Gott im Himmel nicht von seeligen Geistern, sondern von Hunden

---

[1]) M. G. IV S. 288—289. M. B. XXX S. 189—190. Quellen zur bayerischen
und deutschen Geschichte V S. 55, wo im Commentar die Dominikaner consequent
mit den Minoriten verwechselt werden.

[2]) Die Verdienste der Würzburger Dominikaner um die Bekämpfung der
Ketzerei werden auch im Jahre 1272 von Papst Gregor IX. und dem Bischof
Berthold von Würzburg anerkannt (Lang, Regesta IV S. 99).

[3]) M. G. IV S. 287—288. M. B. XXX S. 184—185.

[4]) a. a. O.: *Catharas, Patarenos, Speronistas, Leonistas, Arnaldistas,
Circumcisos et omnes hereticos utriusque nomine censeantur.*

[5]) Ried, Codex chronologico-diplomaticus episcopatus Ratisbonensis I
S. 481.

[6]) Ch. Schmidt, Histoire et doctrine de la secte des Cathares ou Albigeois
II S. 12 ff. S. 37.

und Katzen umgeben sei und bestiegen frohen Muthes den Scheiterhaufen.[1])

Haben wir in den Lehren der Katharer eine Wiederbelebung des antiken, auf orientalischen Traditionen sich aufbauenden Manichäerthums zu erkennen, so hat sich die seit dem Anfange des 13. Jahrhunderts durch Deutschland verbreitete Lehre der Sekte vom freien Geiste vollständig auf dem Boden des Mittelalters entwickelt.[2]) Ihr Ausgangspunkt ist der gleiche, wie derjenige der kirchlichen Mystik: das Streben nach dem Aufgeben der eigenen Persönlichkeit und nach dem Sichversenken in Gott, das sich aber der Sekte mehr und mehr in ein unbegriffenes Absolutes verwandelte. Je öfter nun die durch jenes leidenschaftliche Verlangen hervorgerufene Ekstase der wirklichen Vereinigung mit dem höchsten Wesen gleichgesetzt wurde, desto näher lag es, den normalen Seelenzustand als ein Getrenntsein der Seele von ihrem eigentlichen Lebenselemente zu betrachten, andererseits aber das geträumte mystische Erfassen des Absoluten als eine Rückkehr des Göttlichen zu Gott, als ein Sichbesinnen der Seele auf ihre göttliche Substanz aufzufassen. So trat dem Dualismus der Katharer, der dem religiösen Bedürfnisse des deutschen Volkes nicht lange entsprochen zu haben scheint, eine bald mehr, bald weniger consequent ausgebildete pantheistische Lehre entgegen, die, wie es leicht erklärlich ist, vor Allem in den der Beschaulichkeit und stillen Andacht sich widmenden Klöstern und hier wieder zuerst bei den freien geistlichen Vereinen der Beguinen und Begharden Aufnahme fand.

Wie frühzeitig die Sekte vom freien Geiste, als deren geistiger Vater mit Recht Amalrich von Bena († um 1204) bezeichnet wurde, sich in der Mainzischen Kirchenprovinz ausgebreitet hat, beweist der Umstand, dass schon auf dem um 1259 in Fritzlar abgehaltenen Provincial-Concil die vollständige Unterdrückung der Begharden beschlossen worden ist.[3]) Nachdem das im Jahre 1310 zu Mainz ge-

(Marginalien:) Sekte vom freien Geiste.

Verordnungen gegen die Begharden.

---

[1]) Joannes Vitoduranus, Chronicon, im Thesaurus historiae Helveticae S. 81.

[2]) Vgl. Mosheim, De beghardis et beguinabus 1790. — Preger, Gesch. der deutschen Mystik I 1874 S. 207 ff. — Jundt, Histoire du panthéisme populaire 1875 S. 42 ff.

[3]) Vgl. Binterim, Pragmatische Geschichte der deutschen ... Concilien V S. 157.

haltene Concil diesen Beschluss wiederholt hatte [1]), sah sich auch Bischof Wolfram von Würzburg genöthigt, energische Massregeln gegen die Sekte vom freien Geiste zu ergreifen. Unter Berufung auf die Verordnungen des Mainzer Provincialconcils und des allgemeinen Concils von Vienne vom Jahre 1311 wird auf der Würzburger Diöcesansynode des Jahres 1329 die Aufhebung der sämmtlichen, im Würzburgischen sehr zahlreich vertretenen [2]) Genossenschaften der Beguinen und Begharden verfügt und der Clerus sowohl, als besonders die Inquisitionsgerichte mit ihrer Verfolgung beauftragt. [3])

Herm. Küchener.   Einen höchst merkwürdigen Vertreter der pantheistischen Sekte lernen wir im Jahre 1342 in dem Begharden Hermann Küchener von Nürnberg kennen, dessen Process uns durch einen glücklichen Zufall in vollkommen authentischer Form erhalten geblieben ist.[4]) Küchener, der sich für einen Cleriker ausgab, dessen priesterlicher Charakter aber aus sehr triftigen Gründen von seinen Richtern angefochten wurde, war seit einiger Zeit von Nürnberg nach Würzburg übergesiedelt und hatte sich dort, wie es scheint, einem geheimen Vereine von Begharden angeschlossen. [5]) Am 15. Juli 1342 vor ein aus den angesehensten Welt- und Klostergeistlichen der Würzburger Diöcese gebildetes geistliches Gericht gestellt — von der Einsetzung eigener Inquisitoren ist während der Regierung des Bischofs Otto II. von Wolfskeel bemerkenswerther Weise Abstand genommen worden — bekannte sich Küchener der Zugehörigkeit zur Sekte vom freien Geiste schuldig, indem er über seine religiösen Anschauungen ein umfassendes Geständniss ablegte. Seit seinem zwanzigsten Jahre, erklärte er, fühle er sich zeitweilig in der Weise dem leiblichen Dasein entrückt, dass er für jede Sinnesempfindung vollkommen unzugänglich sei. In die Betrachtung Gottes versunken, sei ihm dann kein anderer

---

[1]) Ebenda VI S. 257.

[2]) Vgl. Rost, Ueber Beguinen, insbes. im ehemal. Fürstenthume Würzburg. Archiv des histor. Vereins von Unterfranken IX 1846 Heft 1 S. 81—145.

[3]) Himmelstein, Synodicon Herbipolense S. 183—184, 191—192.

[4]) M. B. XL S. 415—421. Vgl. Ruland, Die Ebracher Handschrift des Michael de Leone. Archiv des historischen Vereines von Unterfranken XIII S. 175 und Schneidt, Thesaurus juris Franconici I, 17 S. 3256 ff. Eine Abschrift aus dem 14. Jahrhundert enthält auch die Papierhandschrift der Würzburger Universitätsbibliothek M. ch. f. 51 Bl. 5ᵇ ff.

[5]) M. B. XL S. 416: *quod ipse Hermannus fuit beghardus et in secta ... beghardorum.*

Gedanke, auch nicht an Christus und dessen Leiden möglich; ein halbes Jahr lang habe er keines der vorgeschriebenen Gebete verrichtet, sondern nur die Worte: Vater unser! zu sprechen vermocht. In dieser Zeit der Verzückung fühlte sich Küchener als vollkommenes, „Gott gewordenes" Wesen und erkannte, dass im Menschen ein „unerschaffenes" Element vorhanden sei.[1]) Dieses habe in ihm auch Wunder gewirkt: es sei ihm möglich gewesen, den Rhein trockenen Fusses zu durchschreiten, und während seiner Vereinigung mit Gott sei es ihm vorgekommen, als wandle er ellenhoch über der Erde. Die Hierarchie, die Gesetze, Dogmen und Sakramente der Kirche sind für den frommen Schwärmer ohne alle Bedeutung. „Ich enker mich an den Babest nichtes nicht", erklärt er rückhaltlos,[2]) der Monstranz versagt er die Verehrung, die Lehre von der Hölle und vom Fegfeuer bezeichnet er als Erfindung der Geistlichen und hält es für unmöglich, dass ein Unvollkommener, d. h. Nichtinspirirter, nach dem Tode zum Schauen Gottes gelangen könne.[3]) Die Consequenzen von Kücheners pantheistischen Theorien äussern sich auf dem moralischen Gebiete in einem schrankenlosen Determinismus. Indem er sich und seinen Willen mit Gott und dem göttlichen Willen identificirt, kommt er dazu, die sämmtlichen Regungen seiner Begierden als Ausfluss seines göttlichen Wesens zu betrachten. Er kann darum nicht anders, als es offen aussprechen: *Unkusche ist ein naturlich Werk und ist als Sunde, als we es tut.*

Schon bei dem ersten Verhöre scheint den Küchener das Vertrauen auf die ihm innewohnende göttliche Kraft verlassen zu haben. Er erklärt die von ihm geäusserten Ansichten als ebensoviele Irrthümer, widerruft dieselben und verlangt, in den Schooss der Kirche wieder aufgenommen zu werden. Die Absolution von dem auf ihm lastenden Kirchenbanne ist ihm denn auch sofort gewährt worden, während im

---

[1]) Ebenda S. 417: *item censetur sentire, quod in homine sit aliquid increatum, cum in illo lumine crediderit se non purum hominem tunc fuisse sed hominem deificatum et raptum in divinitatem.*

[2]) Die dem Küchener von Fries (Geschichtschreiber von dem Bischofth. Wirtzburg S. 626) zugeschriebene Behauptung, dass die Päpste und Bischöfe mit allen anderen Priestern gleichen Ranges seien, findet sich in unserem Aktenstücke nicht.

[3]) a. a. O. S. 418: *visus est asserere contra evangelicam veritatem, quod homo post hanc vitam non possit deum congnoscere, quia — ut dixit — finiti ad infinitum nulla est proporcia.*

Uebrigen verfügt wurde, ihn so lange in Kerkerhaft zu halten, bis man sich von der Aufrichtigkeit seiner Bekehrung überzeugt haben würde.

Ein zweiter Anhänger der Sekte vom freien Geiste, Berthold von Rorbach[1]) hat vermuthlich unter der Regierung des Bischofs Albrecht II. (1345—1372) in Würzburg Widerruf geleistet. Bald aber scheint ihn Reue über diesen Schritt angewandelt zu haben; er begab sich von Würzburg nach Speier und fuhr hier fort, seine schwärmerischen Lehren zu predigen. Zum zweiten Male in Verhör genommen, weigerte er sich standhaft, irgend Etwas von dem, was er gelehrt, zurückzunehmen und erlitt als rückfälliger Ketzer im Jahre 1356 zu Speier den Feuertod.

Auch aus dem abgerissenen und unklaren Berichte des Trithemius und Nauclerus vermögen wir die nahe Verwandtschaft der Ansichten Bertholds von Rorbach mit denen Hermann Küchener's zu erkennen. Nach Berthold hat der vollkommene, das heisst im Zustande der dauernden Verzückung sich befindende Mensch keine Veranlassung, weder zu beten, noch zu fasten; alle seine Handlungen sind gleich gut, Nichts ist für ihn Sünde. Das Wort Gottes vermag demnach auch nur der Vollkommene zu verkünden, da weder theologische Bildung, noch auch die Bibel den göttlichen Geist, der den Vollkommenen erfüllt, ersetzen und mittheilen können. Brod und Wein verwandeln sich dem Vollkommenen von selbst in göttliche Substanz. — Höchst befremdend sind die Sätze Bertholds vom Leiden Jesu, wornach dieser am Kreuze seine Mutter und die Erde gelästert und an seiner Seligwerdung verzweifelt habe.[2]) Vielleicht wollte Berthold mit dieser Herabsetzung Jesu auf das Niveau der menschlichen Schwäche einen recht schlagenden Beweis für die Identität des Göttlichen und Menschlichen beibringen, durch den zugleich die Indifferenz aller Handlungen des „Vollkommenen" in moralischer Hinsicht beleuchtet werden sollte.

---

[1]) Trithemius, Annales Hirsaugienses St. Gallen 1690 II S. 231—232. Nauclerus, Chronicarum histor. Vol. II Tüb. 1516 fol. 257a. du Plessis d'Argentré, Collectio judiciorum I S. 176—177. Jundt a. a. O. S. 105.

[2]) Trithemius, a. a. O.: *dixit primum, quod Christus Jesus in sua passione usque adeo derelictum se senserit a patre, quod dubitaverit vehementer, utrum anima eius salvanda esset vel damnanda . secundo dixit, quod Jesus Christus in passione sua prae nimio dolore maledixerit castissimae genitrici suae, virgini Mariae . tertio dixit, quod Christus in passione sua maledixerit terrae, quod fusum illius susceperat sanguinem.*

Drei Jahrzehnte später begegnen wir einem Glaubensgenossen der Konrad Kannler
beiden Würzburgischen Mystiker in der Diöcese Eichstädt, wo schon in Eichstädt.
zu Ende des 13. Jahrhunderts Bischof Reymboto (1279—1297) durch
die unter den Beguinen der Diöcese eingerissene Sittenverwilderung zu
scharfen Stratbestimmungen veranlasst worden war. [1] Am 26. Januar 1381
hatte sich in der Stadt Eichstädt der Laie Konrad Kannler[2]) vor
dem Inquisitor Eberhard von Freyenhausen wegen des Vorwurfes ketzerischer
Gesinnung zu verantworten. Auch er räumt unumwunden ein, zu den
„freien Geistern" zu gehören und erkennt die Freiheit des Geistes in
der Abwesenheit jeder Gewissensmahnung und in der Unmöglichkeit,
zu sündigen. Er will es durch seine Andacht zu einem vollkommenen
Aufgehen in der Gottheit gebracht haben, so dass auch die Bewohner
des Himmels zwischen ihm und Gott nicht zu unterscheiden vermögen.
Für den ihn leitenden göttlichen Geist sind darum aber auch die Kirchen-
und Moralgesetze in keiner Weise verbindlich: sofeme er nur dem Triebe
der Natur folgt, mag er ohne Sünde thun, „was ihm Freude macht";
wer ihn darin hindert, und wären es ihrer tausend, darf von ihm aus
dem Wege geschafft, die schwersten Verletzungen des sechsten Gebotes
können von ihm, ohne dass seine Vollkommenheit darunter leidet, be-
gangen werden. Eine Besonderheit Kannlers besteht darin, dass er
erklärt, seine Glaubenssätze seien ihm nicht von einem Dritten, sondern
durch göttliche Eingebung mitgetheilt worden, und dass er sich auch
ausserdem als ein auserwähltes Werkzeug der Vorsehung betrachtet.
Die Heiligkeit des Apostels Paulus verhält sich zu der seinigen, wie
der Wassertropfen zum Meere; sämmtliche Engel und Heilige vermögen die von ihm erreichte Vollkommenheit nicht zu verdienen. Seine
Bestimmung ist es, als ein zweiter Adam und Antichrist die Welt predigend
und Wunder wirkend zu durchziehen und das jüngste Gericht abzuhalten.

Die Standhaftigkeit des Angeklagten entsprach seinen grossen
Worten nicht: zwar hatte er bei dem ersten Verhöre die an ihn er-
gangene Aufforderung zum Widerruf mit Entrüstung abgelehnt; jedoch
schon nach Ablauf von acht Tagen bezeichnet er die ihm gewordene
Offenbarung als höllisches Blendwerk und unterwirft sich der kirchlichen
Strafe, die keine allzuharte gewesen sein wird.

---

[1]) Chmel, Die Handschriften der k. k. Hofbibliothek in Wien II S. 349.
[2]) Vgl. über ihn meine Mittheilungen in der Zeitschrift für Kirchengeschichte
V 1882 S. 487—498.

Begharden in Würzburg 1392. Elf Jahre später, im Jahre 1392, sind nach der Angabe des Trithemius[1]) in Würzburg neben Anhängern der Geisslersekte auch Fraticellen, mit welchem Namen häufig die Brüder vom freien Geiste bezeichnet wurden, von dem Inquisitor Martin von Prag zur Verantwortung gezogen worden. Sie zeigten sich angeblich insgesammt reumüthig und kamen mit der Strafe der Aufheftung von Busskreuzen davon.

Begharden im 15. Jahrhundert. Während des 15. Jahrhunderts, das sowohl dem inneren Leben der katholischen Kirche durch die auf dem Council von Basel beschlossenen freilich nur ungenügend durchgeführten Reformen, wie dem Waldenserthum durch die Verbindung mit den Husiten neuen Aufschwung verlieh, ist die pantheistische Bewegung allmählich zum Stillstand gelangt, nachdem sie noch in den ersten Jahrzehnten, besonders in Schwaben, eine ganz ausserordentliche Verbreitung erlangt hatte.[2]) Nur von den Bischöfen von Eichstädt, Johann III. von Eich (1445—1464) und Wilhelm von Reichenau (1464—1496) sind während dieser Periode Verordnungen gegen die Begharden und die Sekte vom freien Geiste erlassen worden[3]), während sich in den Diöcesen Bamberg und Würzburg fast keine Spur mehr von dieser vorfindet. Nach einer Angabe des Matthias von Kemnat in seiner Chronik Friedrich's I. von der Pfalz, waren in der Oberpfalz, im Fichtelgebirge und im Voigtland die Begharden noch im letzten Drittel des 15. Jahrhunderts sehr zahlreich.[4]) Ein Begharde wird 1476 als Lehrer und Helfershelfer des Hans Böhm von Niklashausen genannt, und in der Nähe von Windsheim soll um 1470 eine grosse Menge von Begharden zur Strafe gezogen worden sein. Die Beziehung

---

[1]) a. a. O. II. S. 296.

[2]) Nider, Formicarius 1517 fol. 44 R, sowie die später angeführte Stelle des Matthias von Kemnat.

[3]) Statuta synodalia ecclesiae Eystettensis impressa per Mich. Reyser 1484 Bl. 22ᵃ, 12ᵇ, 15ᵇ, 16ᵃ.

[4]) Quellen zur bayer. und deutschen Geschichte II S. 109: *Aber was unmeslicher bosheit, schalckheit, buberei die Beckgart und Lolhart treiben und die winkelprediger vor dem Behamer walde, will ich zu diesem mall nit wol schreiben. Ebenda S. 111: Desgleichen zu Ulme und voraus in dem Schwartzwald und Wirtenbergischem lande seint uber die massen vil Lolhart, Beckhart und Begein, von den man vil ubels sagt mit unkeuscheit und ander buberei zu volnbringen. Desgleich bei Winsheim seint ire vast vil in einem berg dabei, die man ausgerotth hat mit grosser muhe.*

aller dieser Nachrichten auf die Sekte vom freien Geiste wird allerdings durch den Umstand in Frage gestellt, dass während des 15. Jahrhunderts der Name „Beghard" sehr oft als gemeinsame Bezeichnung für die verschiedenartigsten Häretiker gebraucht worden ist[1]).

Charakteristisch für die Eigenart der mittelalterlichen Kulturentwickelung, wie sie sich in einer überreichen Fülle von bald parallel neben einander herlaufenden, bald sich durchkreuzenden und gegenseitig sich aufhebenden Bewegungen äussert, ist der Gegensatz, der zwischen der um das Jahr 1260 auftauchenden Geisslersekte und der Mystik der Brüder vom freien Geiste sich beobachten lässt. Gemeinsam ist Beiden das Unbefriedigtsein mit dem, was die Kirche ihrem leidenschaftlichen Bedürfnisse nach religiösem Troste und innerer Erbauung zu bieten vermochte, dann aber auch die Erwartung, dass die Kirche in ihrer damaligen inneren und äusseren Verfassung ihrem Untergange mit raschen Schritten entgegeneile, um einer ganz neuen Ordnung der Dinge Platz zu machen. Während nun aber der Beghard, im festen Glauben an das Herannahen oder Eingetretensein der Periode des heiligen Geistes, von Allem, was ihn von seinem letzten Ziele, von der mystischen Vereinigung mit Gott, abzuhalten schien, in letzter Linie von der Beachtung der Sittengebote, sich abwandte, um den Kampf um sein religiöses Ideal im eigenen Innern auszufechten, erfüllten gleichzeitig die Geissler ganz Europa mit dem Rufe ihres gewaltthätigen Versuches einer religiösen und socialen Revolution.

Wenn auch bis zur Stunde eine verlässige und erschöpfende Untersuchung über den Ursprung des Flagellantenthums fehlt, so darf es doch für nahezu unzweifelhaft gelten, dass die apokalyptisch-reformatorischen Lehren des calabresischen Mönches Joachim von Floris († 1202) den ersten Impuls zu den Geisslerzügen des 13. Jahrhunderts gegeben haben. Drei Stufen sind es, in denen nach Joachims Anschauung die Geschichte des Menschengeschlechtes sich entwickelt,[2])

Die Geisslerbewegung.

---

[1]) Ueber d. Zurücknahme des Verbotes der rechtgläubigen Bogharden- und Beguinenvereine i. J. 1318, 1326, 1374 und 1377 vgl. Mosheim a. a. O., üb. die bis zum 16. Jahrh. fortbestehenden Niederlassungen derselben im Würzburgischen vgl. namentl. Rost a. a. O.

[2]) Hahn, Geschichte der Ketzer im Mittelalter III S. 107—175. Preger, Geschichte der deutschen Mystik I S. 196.—207. Reuter, Geschichte der religiösen Aufklärung im Mittelalter II S 191 ff. v. Döllinger, Hist. Taschenb. 5. F. I S. 316. Schneider, Joachim v. Floris, Dilling. 1873.

die Periode Gott Vaters bis zum Erscheinen Johannes des Täufers, die
Periode des Sohnes bis zum Jahre 1260, endlich das mit diesem Jahr
beginnende Zeitalter des heiligen Geistes, welches dem beschaulichen
Leben und der Erkenntniss Gottes gewidmet sein wird. Die letzte Periode
bereiten schwere Kämpfe mit dem Antichrist vor, der sogar den päpstlichen Stuhl besteigt. Die wirksamste Hülfe gegen ihn wird eine Anzahl Auserwählter Gottes leisten, welche zu der apostolischen Armuth
zurückkehren, den christlichen Nationen, wie Juden und Heiden das
Evangelium predigen und „die ganze Erde unterwerfen werden." —
Man muss die zauberische Macht, welche jede apokalyptische Weissagung auf die Völker des Mittelalters ausübte, und das ausserordentliche Ansehen, in dem Joachim bei seinen Zeitgenossen stand, — drei
Päpste hatten sich an ihn mit der Aufforderung zur Veröffentlichung
seiner Weissagungen gewendet — im Auge behalten, um die gewaltige
Wirkung seiner Prophezeihungen nicht nur in Italien, sondern auch in
Frankreich und Deutschland zu begreifen. Die ungeheuersten Umwälz-
ungen sah man mit einem Male in die allernächste Nähe gerückt, das
Papstthum, für das Joachim in seiner dritten Periode des *intellectus
spiritualis* keine Stelle hat, dem baldigen Untergang geweiht, dem Streben
des Einzelnen nach sittlicher Vervollkommnung, das ihn an der Seite
der gottgesandten Prediger in den Kampf gegen den Antichrist führte,
eine vielverheissende Laufbahn eröffnet. War es unter diesen Umständen zu verwundern, dass besonders in Italien das Volk in grosser
Menge sich von der Kirche, deren Gebrechen Joachim mit schonungsloser Offenheit dargelegt, abwandte und dass namentlich in den Orden
der Franziskaner und Dominikaner, auf welche Joachim als die Aus-
erwählten Gottes hinzuweisen schien, sich eine sehr bedenkliche Parteinahme für Joachims Lehren kundgab? [1]) In Deutschland sehen wir
dieselben in höchst merkwürdiger Weise von der sogenannten S e k t e
von S c h w ä b i s c h - H a l l fortgebildet: der Papst und der gesammte
Clerus gelten ihr als Ketzer, denen alle Gewalt genommen ist, um den
„Predigern" der Sekte übertragen zu werden. Diese rechnet in ihrem
Kampfe mit dem Papstthum, das ganz und gar als das Reich des
Antichrists erscheint, auf die Unterstützung des deutschen Kaisers
F r i e d r i c h s II., für den sie die Hülfe des Himmels anruft und an dessen

Die Haller Sekte. (margin note)

---

[1]) V ö l t e r , Die Secte von Schwäbisch Hall und der Ursprung der deutschen
Kaisersage. Zeitschrift für Kirchengeschichte IV S. 375.

Wiedererscheinen in Deutschland sie auch nach dem Tode des Kaisers nicht verzweifelt. [1]) Die Bischöfe von Würzburg, zu deren Diöcese Schwäbisch-Hall, ein Hauptsitz der Sekte, gehörte, scheinen noch unter der Regierung Konrad's IV., der die Sekte begünstigte, den gefährlichen Ketzern energisch entgegengetreten zu sein. [2])

Um aber auf das Flagellantenthum zurückzukommen, so bedarf es nach dem Vorausgehenden keiner weiteren Ausführung, um den Zusammenhang zwischen Joachim's Prophezeiungen vom herannahenden Weltgerichte und den Prozessionen der Geissler im Jahre 1260 zu erkennen; die Art und Weise klarzustellen, in der Joachims spiritualistische Doctrinen in die grobsinnliche Auffassung der Geissler von der Vorbereitung auf das Reich des heiligen Geistes übergegangen sind, muss allerdings der Zukunft vorbehalten bleiben.

Dass die Geissler des Jahres 1260, die nach den zeitgenössischen Aufzeichnungen in Oesterreich, Baiern, Thüringen, Sachsen, Böhmen, Schwaben und im Elsass auftraten [3]), auch bei den für religiöse Neuerungen so empfänglichen Franken Anhänger gefunden haben, ist sehr wahrscheinlich, aber nur durch den nicht gar schwer wiegenden Umstand bezeugt, dass eine Nürnbergische Chronik von Geisslerzügen des 13. Jahrhunderts erzählte. [4]) Auch über die von der Kirche gegen die Flagellanten ergriffenen Massregeln, vor Allem aber über die Stimmung des Volkes nach dem mit solcher Aufregung erwarteten Jahr 1260 sind wir ohne Nachricht und können nur vermuthungsweise die furchtbare Enttäuschung der bis zum letzten Augenblicke siegesgewissen Schwärmer uns vorstellen.

Als einer der stärksten Beweise für die unwiderstehliche Gewalt, mit welcher im Mittelalter religiöse Ideen sich der Gemüther bemächtigten und dieselben in ihrem Banne hielten, erscheint uns der Umstand, dass noch nicht drei Menschenalter seit den Ereignissen des Jahres 1260 verflossen waren, als abermals eine apokolyptische Weissagung

(Randglossen:) Die Geissler im Jahre 1260.

Die Geissler im Jahre 1349.

---

[1]) Vgl. Völter, a. a. O. S. 377—393, der mit Recht den Ursprung der späteren deutschen Kaisersage auf die Lehrsätze der Sekte von Schwäbisch-Hall zurückgeführt hat.

[2]) Albertus Stadensis in Monum. Germ. Scriptores XVI S. 371 ff.

[3]) Förstemann, Die christlichen Geisslergesellschaften S. 43—51. Ueber den Ursprung der Geisslersekte und ihre Stellung zur Kirche lassen uns Förstemann's im Uebrigen sehr verdienstvolle Arbeiten vielfach im Unklaren.

[4]) Ebenda S. 51.

ganz Deutschland in den gleichen Taumel religiöser Ekstase gerissen
hat. So dunkel die Prophezeiung lautet, die nach unserer Ansicht
die direkte Veranlassung der Geisslerzüge des Jahres 1349 gewesen
ist, so erkennen wir doch sofort wieder als ihren Kern die Erwartung
des Sturzes des Papstthums und eines eine neue Aera einleitenden Weltgerichtes: „Im Jahre 1348", so verkündet der Spruch des „grossen
Astrologen", den uns Michael de Leone [1]) überliefert hat, „wird es
einen einzigen Herrscher geben, das römische Reich wird erhöht, grosser
Streit auf Erden geführt; der Tyrann, der französische König, wird mit
seinen Baronen fallen, der Papst und seine Cardinäle werden zerstreut,
der neue König wird ein Gericht anstellen." Furchtbare Anzeigen
schienen die Weissagung zu bekräftigen und einen Vorgeschmack des
hereinbrechenden Unheils zu geben: Misswachs, Ueberschwemmungen
und Erdbeben stellten sich ein; der schwarze Tod entvölkerte die
Länder Europas [2]) und legte auch leichtsinnigen und irreligiösen Ge-
müthern die Sorge um ihr Seelenheil und die bange Frage nach dem
Jenseits nahe. Die kirchlichen Gewalten, welche der von Tag zu Tag
sich steigernden fieberhaften Aufregung der Volksmassen rath- und machtlos gegenüber standen, haben erst nach dem Ablauf der ersten
Sturmfluth den Muth zum Widerstande gegen die fanatischen Sektirer
gefunden.

Von Polen und Ungarn her wälzte sich der Strom der Geisslerzüge nach Mitteldeutschland. Am 2. Mai 1349 erreichten sie Würzburg, das in demselben Jahre noch zahlreiche Schaaren von Flagellanten beherbergte. [3]) Auch im Bambergischen, namentlich in der
Umgebung Nürnbergs, sind sie im Mai 1349 erschienen, indem sie
ihren Weg durch eine grausige Spur bezeichneten, durch die Leichen
ermordeter Juden. Es wird erzählt, dass in einem Städtchen der Bamberger Diöcese die Juden sich gegen die sie verfolgenden Geissler zur
Wehr setzten und endlich die eigene Stadt anzündeten. [4]) Auch in
Würzburg hören wir 1348 von einer blutigen Verfolgung der Juden,

---

[1]) Böhmer, Fontes rerum Germanicarum I. S. 474.

[2]) Höniger, Der schwarze Tod in Deutschland 1882.

[3]) Michael de Leone, bei Böhmer, Fontes rerum Germanicarum I
S. 476.

[4]) Heinrich von Rebdorf's Annalen, ebenda IV S 561. Vgl. Lochner,
Geschichte der Reichsstadt Nürnberg 1347—1378 S. 36.

die sich zum Theil selbst in ihren Häusern verbrannten. [1]) Im Jahre
1349 sind endlich auch in Nürnberg die grössten Ausschreitungen
gegen die dort ansässigen Juden erfolgt. [2])

Man würde die Geisslerbewegung sehr falsch beurtheilen, wollte
man, wie es bisher oft geschehen ist, die von ihr nicht nur in Franken,
sondern in ganz Deutschland inscenirte Judenhetze als zufällige, un-
überlegte Akte der Rohheit oder der Habsucht betrachten: vor einem
solchen Vorwurfe schützt die Sekte nicht nur der sittliche Ernst, der
sich in ihren uns erhaltenen Buss - Gesängen ausspricht, sondern vor
Allem der Umstand, dass der ganzen Bewegung, wie wir gesehen haben,
tiefreligiöse Motive, vor Allem die Erwartung eines allgemeinen und
strengen Weltgerichtes zu Grunde lagen. Die Judenmorde werden uns
darum erst verständlich, wenn wir die in den Lehrsätzen der Haller
Sekte und in der späteren Gestaltung der deutschen Kaisersage sich
offenbarenden Hoffnungen auf die Wiederkunft des Kaisers Friedrichs II.
in's Auge fassen. Johannes von Winterthur [3]) berichtet, dass um das
Jahr 1348 allgemein die Erwartung gehegt wurde, Friedrich II. werde
wieder auf Erden erscheinen und den deutschen Thron besteigen. Er
werde die Tochter des Armen dem Reichen, die Reiche dem armen
Manne zur Frau geben, er werde die Nonnen und Mönche verheirathen,
den Waisen, Wittwen und Beraubten ihr Gut zurückgeben und allen
Menschen zu ihrem Rechte verhelfen. Die Cleriker aber werde er ver-
folgen, so dass sie ängstlich ihre Tonsur, sei es auch mit Mist, ver-
bergen und die Minoriten würden von der Erde vertilgt werden.

Eine sociale Revolution ist es also, die man in erster Linie
mit der Besiegung des Antichrists in Verbindung gebracht hat, und man
wird es leicht begreifen, dass unter diesen Umständen der fromme Pöbel
seine Aufgabe, dem Reiche Gottes den Weg zu bereiten, zunächst darin
erkannte, die Gegensätze zwischen Arm und Reich gewaltsam auszu-
gleichen und vor Allem den Repräsentanten des Capitalismus, das Juden-
thum, zur Verantwortung zu ziehen. [4])

---

[1]) Lor. Fries in Ludewig's Geschichtschreiber von dem Bischoffthum
Wirtzburg S. 637 und Michael de Leone a. a. O.
[2]) Lochner, Geschichte der Reichsstadt Nürnberg 1347—1378 S 38—42.
[3]) a. a. O. S. 85.
[4]) Vgl. die scharfsinnigen Auseinandersetzungen bei Höniger, Der
schwarze Tod in Deutschland S. 97 ff., der aber den religiösen Kern der Geisslerbewegung zu wenig gewürdigt hat.

Auch der scharfe Gegensatz, in den die deutsche Kaisersage sowohl, als die Prophezeiung auf das Jahr 1348 bei Michael de Leone den wiederauferstandenen Kaiser zur Kirche und zum Papstthum treten lässt, begegnet uns in den Lehrsätzen der Geisslersekte wieder. Man erkennt sofort, dass sie die Kirche für unrettbar verloren, einer Verbesserung für unfähig hält und als die Grundbedingung für das Eintreten einer neuen Aera den Sturz der Hierarchie betrachtet. Daher denn auch die Nichtachtung aller kirchlichen Institutionen: die sämmtlichen Sakramente, die kirchliche Feier des Gottesdienstes, der Ablass, der Eid, die Lehre vom Fegfeuer, das Fastengebot, die Verehrung der Heiligen werden von den Geisslern verworfen.[1]

Ende d. Geissler-
bewegung. Auch das Jahr 1349 ging vorüber, ohne dass es zum letzten Kampfe des Heilands mit dem Antichrist gekommen wäre; wieder hatte man sich vergeblich auf das Ende der Dinge vorbereitet. *„Da hub die welt"*, heisst es in der Limburger Chronik[2], *„wider an zu leben und frölich zu sein und machten die mann neuwe kleidung."*

Das Geisslerthum ist gewiss in erster Linie der in den naiven Worten des mittelalterlichen Chronisten angedeuteten, ganz naturgemässen Reaktion, die sich in der Masse des Volks gegen die vorausgegangene übermenschliche Anspannung der Körper- und Seelenkräfte geltend machte, zum Opfer gefallen. Erst dann mochte es der Inquisition gelingen, ihrerseits energisch einzuschreiten und die letzten Ueberbleibsel der Sekte, die sich in Thüringen bis tief in das 15. Jahrhundert hinein erhalten hat, auszurotten.

---

[1] Vgl. die Artikel der Geissler von Sangerhausen bei Förstemann, a. a. O. S. 153—171. Was aber das Flagellantenthum bei all seinem in unseren Augen widerwärtigen Fanatismus als einen ungeheuern Fortschritt gegenüber dem Pantheismus der Begharden und als eine gesunde Reformbewegung charakterisirt, ist die Thatsache, dass die Geissler in ihrer rücksichtslosen Opposition gegen das Kirchenthum doch allezeit die durch die allgemeinen Moralgesetze gezogenen Schranken anerkannt und auf deren gewissenhafte Beobachtung gedrungen haben. *„Der Priester und der Levit"*, so lautet einer ihrer Lehrsätze, *„welche an dem Verwundeten ohne Erbarmen vorüber giengen, sind die jetzigen Pfaffen und das Volk, das ihnen anhängt und glaubt und Christo für seine Leiden keinen Dank weiss; aber der Samariter, der den Verwundeten auf sein Thier legte, ihn in die Herberge führte und zwei Groschen für ihn bezahlte, bedeutet die Geissler, die Christum an ihrem eigenen Leibe tragen und ihn mit dem Vater unser und Erfüllung der zehn Gebote ehren."* (Förstemann, S 167—168.)

[2] Fasti Limpurgenses 1619 S. 10.

In Nürnberg war es der Rath, der dem Flagellantenthum ein Ende machte. Am 3. Juli 1350 musste ihm Conrad der Kratzer, der „Vorgeher" und Prediger der Geissler versprechen, sich von der Sekte zurückzuziehen; im anderen Falle werde man ihn in einen Sack stecken und ertränken.[1]

In der Diöcese Würzburg trat den Geisslern der bekannte Augustiner Hermann von Schilditz[2] († 1357) mit den Waffen litterarischer Polemik entgegen; gleichwohl finden wir geheime Geisslervereine noch um das Jahr 1370, zu welcher Zeit Bischof Albrecht II. eine strenge Verordnung gegen dieselben erliess[3]. Endlich soll, wie schon oben bemerkt, im Jahre 1392 der Inquisitor Martin von Prag Anhänger der Geisslersekte in Würzburg zum Tragen von Busskreuzen verurtheilt haben.[4]

Die Sekte der Waldenser[5], der „bibelgläubigen Ketzer", wie sie mit Recht genannt worden sind, hat, wie in Baiern und Oesterreich, so wahrscheinlich auch am Mittelrhein und in Franken in der zweiten Hälfte des 13. Jahrhunderts zuerst Wurzeln gefasst; bestimmte Spuren einer weiteren Verbreitung in Franken lassen sich allerdings erst zu Anfang des 14. Jahrhunderts nachweisen. Auf derselben Würzburger Synode (1329), welche die erste Verfolgung der Begharden und Beguinen

Marginal notes: Geissler in Nürnberg und Würzburg. — Waldenser im Bisth. Würzburg.

[1] Lochner, a. a. O. S. 36. Von dem Erscheinen der Geissler in der Stadt Nürnberg berichtet u. A. die Nürnberger Chronik von 1126—1441 (Städtechroniken. Nürnberg. I S. 352.)

[2] Höhn, Chronologia provinciae Rheno-Suevicae ordinis eremitarum s. p. Augustini 1744 S. 61, dem zufolge Hermann von Schilditz ein Buch contra flagellatorum errores, qui anno 1351 surrexerunt in superiori Germania, verfasst hat.

[3] Ruland, Die Ebracher Handschrift des Michael de Leone. Archiv des histor. Vereins von Unterfranken. XIII S. 197.

[4] Trithemius, a. a. O. II S. 296. Im Jahre 1391 musste auch in dem benachbarten Heidelberg gegen eine Geisslerprocession eingeschritten werden. Vgl. Hautz, Gesch. der Universität Heidelberg I S. 217—219.

[5] Vgl. über sie Herzog, Die romanischen Waldenser 1853. Derselbe, Realencyklopädie für protestantische Theologie und Kirche XVII S. 502 ff. Dieckhoff, Die Waldenser im Mittelalter 1851. Preger, Beiträge zur Geschichte der Waldesier im Mittelalter. Abhandlungen der historischen Classe der bayerischen Akademie der Wissenschaften XIII 1877 S. 179 ff. Derselbe, Der Tractat des David von Augsburg über die Waldesier. Ebenda XV 1879 Abth. 2 S. 181 ff. Comba, Valdo et i Valdesi avanti la riforma 1880.

anordnete, wird nämlich mit besonderer Feierlichkeit vor dem von
den Waldensern aufgestellten Satze gewarnt, dass jede Todsünde den
Priester der Gewalt, zu lösen und zu binden, beraube. [1] Auch dem
Protonotare der Würzburger Bischöfe Otto II. und Albert II., Michael
de Leone (gestorben 1355) waren die Lehren der Waldenser genau bekannt, deren nahe Verwandtschaft mit einigen Sätzen der Geisslersekte
er sehr richtig hervorgehoben hat [2]); zu gleicher Zeit wurde von dem
Würzburger Augustiner Hermann von Schilditz eine polemische Schrift
gegen das Waldenserthum verfasst. [3] Wenn demnach Michael de Leone
dem Bischof Otto II. von Wolfskeel (1335 — 1345) das Lob spendete,
dass er während seiner Regierung „fluchwürdige Häresieen und ketzerische
Irrthümer" im Bisthum Würzburg ausgerottet habe[4]), so sind darunter
wohl auch die Lehren und die Sekte der „Armen von Lyon" inbegriffen.

Waldenser in Nürnberg.   Von einem Einschreiten der Inquisition gegen die Waldenser im
Bisthum Bamberg hören wir zuerst im Jahre 1332, als Bischof Werntho
dem Domherrn und Pfarrer zu St. Sebald in Nürnberg, Hermann
von Stein, die Untersuchung gegen die zahlreichen Anhänger der
Sekte in der Stadt Nürnberg übertrug. [5]) Die Aufgabe des Inquisitors
war keine leichte, und scheint er namentlich von Seite des Rathes
nicht den gehofften Beistand gefunden zu haben. Nachdem er vorerst
nur Fremde und Leute aus dem niederen Volke zur Rechenschaft

---

[1]) Himmelstein, Synodicon Herbipolense. S. 164.

[2]) Böhmer, Fontes I S. 476.

[3]) Catalogus cod. Latinor. bibl. reg. Monac. I, 2 S. 44.

[4]) Böhmer, Fontes I S. 456.

[5]) Das Folgende nach Müllner's handschriftlichen „Annalen der Reichs-
vesten und Stadt Nürnberg", ferner Will, Kleine Beiträge zu der Diplomatik
1789 S. 109—125, und Lochner, Geschichte der Reichsstadt Nürnberg 1347
bis 1378 S. 1—2. Die von mir benutzte deutsche Urkunde des Nürnberger Kreisarchivs (S. II, K. 49, L. 1) ist die Uebersetzung des von Will a. a. O. S. 109 ff.
mitgetheilten lateinischen Instruments, das auch von Müllner benutzt und im
Auszuge wiedergegeben wird. Derselbe hat auch zuerst die sehr naheliegende Vermuthung ausgesprochen, dass die Nürnberger Ketzer des Jahres 1332 Waldenser gewesen seien. Zum Jahre 1177 berichtet Müllner: „Um diese Zeit sind etliche Schüler
des Petrus Waldensis von Lyon nach Deutschland kommen, haben um Frankfurt
und an anderen Orten, nachmals auch um Nürnberg zu predigen angefangen,
weil aber der Rath zu Nürnberg gewarnt worden, dass er sie ergreifen und ver-
brennen lassen möchte, sind sie in Böhmen gewichen und haben unter der Erden
in Gruben und Höhlen heimlich gepredigt, daher man sie die Grubenheimer
genannt." (Lochner, Nürnberger Jahrbücher I 1832 S. 64).

gezogen hatte, forderte Bischof Werntho die Reichsstadt zu wirksamer Unterstützung des Inquisitors auf, gegen welche Zurechtweisung wieder der Protonotar Friedrich im Namen von Schultheiss und Rath feierlichen Protest erhob. In einer am 7. September abgehaltenen Conferenz, welcher ausser dem Inquisitor und den ihm beigeordneten Bamberger Domherren Heinrich Cantor und Werner von Breiteneck der gesammte Rath, eine Anzahl auserlesener Ordensgeistlichen und Angehörige des Deutschherrn- und Johanniter-Ordens beiwohnten, kam die Differenz zum endgültigen Austrag. Hermann von Stein wurde durch den Rath selbst aufgefordert, auch diejenigen unter den reichen und angesehenen Bürgern, die er der Ketzerei für verdächtig hielte, in Untersuchung zu nehmen, damit kein Geschrei über die Ungerechtigkeit seines Verfahrens im Volke entstünde. Gleichzeitig erklärte der Protonotar Friedrich, dass zwei in der Conferenz anwesende Bürger, Eberlein von Rothenburg und Ludwig Aldegen, die der Inquisitor als muthmassliche Ketzer bezeichnet, aber nicht verhört hatte, darauf bestünden, dass eine Untersuchung über ihre Rechtgläubigkeit angestellt würde. Als der Inquisitor dies zu thun sich weigerte, gab der Protonotar abermals eine feierliche Protesterklärung ab, wonach es nicht an dem Rathe, sondern an dem Inquisitor liege, dass die Sache keinen Fortgang nehme. Der Letztere konnte denn auch nicht anders, als die Bereitwilligkeit des Rathes, ihn in seiner Amtsthätigkeit zu unterstützen, anerkennen. Einige Wochen nach dieser von Seite des Nürnberger Rathes nicht ohne eine gewisse Gereiztheit geschehenen Auseinandersetzung gelangte die Untersuchung dadurch zum Abschluss, dass der Inquisitor dem Rathe eine Liste von ungefähr 90 Personen, sowohl Männern als Weibern, übergab, die der Ketzerei überführt worden waren. Der grössere Theil der Angeklagten gehörte den niederen Ständen an, doch fanden sich unter ihnen auch Angehörige der vornehmen Geschlechter, unter Anderen auch drei Glieder der Familie Tucher. Die vom Rathe verhängte Strafe war eine milde: den Verurtheilten wurde die Stadt bei Strafe, lebendig in einen Sack gesteckt und ertränkt zu werden, auf ewig verboten. In einzelnen Fällen scheint man auch dieses Verbannungsedikt später zurückgenommen zu haben.

Auch in der Folgezeit finden sich noch mehrfache durch den Nürnberger Rath geschehene Verurtheilungen wegen Ketzerei, ohne dass wir jedoch die Sekte, zu welcher die Angeklagten gehörten, festzustellen

vermöchten. Im Jahre 1348 wird der Priester **Hartman Graser**
auf hundert Jahre aus der Stadt verbannt, „*darumb das er wider
kristenleichen glauben gepredigt hat.*" Ergreife man ihn, so werde er
dem Bischof von Bamberg überantwortet werden.[1] Ebenso ist im
Jahre 1378 in Nürnberg eine Ketzerin drei Wochen lang gefangen
gehalten und alsdann verbrannt worden.[2]

Conrad Hager in Würzburg.

Auch über die Stellung des 1342 in Würzburg vor Gericht
gestellten Magisters **Conrad Hager** zu den damals bestehenden
Sekten ist es schwer, ein Urtheil abzugeben, wenn auch die Annahme
einer Beeinflussung desselben durch das Waldenserthum nicht unwahrscheinlich ist. Am 4. Februar 1342 bekannte Hager vor dem aus
verschiedenen hohen Welt- und Ordensgeistlichen der Würzburger Diöcese
bestehenden Inquisitionsgerichte, dass er seit 24 Jahren sich zu folgenden
Glaubenssätzen bekannt und dieselben zu verbreiten gesucht habe: das
zur Abhaltung von Messen dargebrachte Opfergeld, gewöhnlich Mess-
frommen genannt, sei nicht nützlich, noch verdienstlich, sondern *ein gif
der pfaffen vnde ein symonie und ein raub der armen lute und ein
raub almusens, daz man solt den hungerigen armen geben.* Er be-
gründete dies damit, dass jene Abgaben, wie überhaupt alles, was den
Priestern an ähnlichen Einnahmen zufliesse, nicht den Charakter einer
Schenkung, sondern eines Kaufes hätten, so dass sie den Geber wie
den Empfänger mit der Sünde der Simonie belasteten. Hager erklärt
daher: „*het ich ein stuben vol guldiner und frumt man mir mit einem
guldin noch minem tode miner sele eine messe, ich wolle, daz der
guldin verbrente. moht ich den phennige messefrumen abe gelegen,
darumme wolt ich liden, daz mir ummer we tete.*" Gleich heftigen
Widerspruch erhob Hager gegen die zur Abhaltung von Seelenmessen
und Fürbitten für die Verstorbenen gespendeten Opfer, die den Todten

---

[1] **Lochner**, Geschichte der Reichsstadt Nürnberg S. 27, 62.

[2] Eintrag im Nürnberger Rechnungsbuche von 1378: „*Item dedimus dem
lochhüter von einer, die er drey wochen gehalten het, und dem züchtiger und
dem leben, daz sie die selben verpranten von dez unglauben wegen, und mit
allen sachen 5 ℔ 3½ ss. hl.*" Mitgetheilt in: Chroniken der fränkischen Städte.
Nürnberg I S. 362 Anm. 2.

[3] Das Folgende nach den Inquisitionsprotokollen in M. B. XL S. 386—396.
Vgl. **Ruland**, die Ebracher Handschrift des Michael de Leone. Archiv des
histor. Vereins von Unterfranken. XIII S. 175, sowie die Würzburger Hs. M.
ch. f. 51 Bl. 1ᵃ ff. und **Fries** a. a. O. S. 626.

keinerlei Nutzen brächten. Ueber den Erfolg seiner Lehrthätigkeit
sprach er sich dahin aus, dass er Viele in der Stadt und Diöcese
Würzburg zur Einstellung jener Geldopfer vermocht zu haben glaube.
Hager hatte schon mehrere Wochen sich in Untersuchungshaft
befunden, als er am 4. Februar 1342 zum Widerrufe aufgefordert wurde;
die Furcht vor dem Feuertode hatte während dieser Zeit wohl mehr
noch als der Zuspruch der Glaubensrichter seine Widerstandskraft
gebrochen, so dass er rückhaltslos alle von ihm aufgestellten Irrthümer
abzuschwören und in den Schoss der Kirche zurückzukehren sich bereit
erklärte. Wenn ihm auch die Absolution sofort zu Theil wurde, fanden
es seine Richter dennoch für gut, ihn auf unbestimmte Zeit gefangen
zu halten, während deren er den ihm verordneten Bussübungen obliegen
sollte. Noch vor dem Jahre 1345 erfolgte seine Freilassung, nachdem
er seine Richter, namentlich den Augustiner Hermann von Schilditz,
von der Aufrichtigkeit seiner Bekehrung überzeugt hatte. Der Letztere
nahm in seiner zwischen 1342 und 1345 verfassten Schrift gegen die
Waldenser den bussfertigen Magister in seinen besonderen Schutz, wobei
er auf die nach Form und Inhalt jämmerlichen elegischen Verse, die
Hager über seine Ketzerei und seine Bekehrung verfasst hatte, hin-
weisen konnte. [1]) Einer allerdings nicht hinreichend verbürgten Nachricht eines Zeitgenossen zufolge hätte Hager gleichwohl in späterer
Zeit als rückfälliger Ketzer den Feuertod erlitten. [2])

Im letzten Drittel des vierzehnten Jahrhunderts hat die waldensische Reformbewegung in Deutschland offenbar ihren Höhe-
punkt erreicht. Nicht nur in Süddeutschland und den Rheinlanden,
diesen beiden Hauptheerden der kirchlichen Opposition im Mittelalter,
war ein grosser Theil der Bevölkerung für die waldensischen Lehren

Die deutschen Waldenser zu Ende d. 14. Jahrhunderts.

---

[1]) Catalogus cod. Latin. bibliothecae reg. Monacensis I, 2 S. 44: cod. lat.
2956 f. 147—160: Fr. Hermanni de Scilidis ord. fr. Aug. tractatus contra bere-
ticos (Leonistas s. Pauperes de Lugduno) ... sub Ottone episc. Herbipol. scriptus.
Secundus prologus habet excusationem magistri Conradi Hager „tamquam vere
penitentis cum metro per ipsum facto“. Hi versus f. 148ᵇ sic incipiunt:
   Multi maiores erraverunt (sic) et meliores.
   Hinc errasse virum me parvum non puto mirum.
[2]) M. B. XL S. 392: *item confessus est se asseruisse, quod et factum
fuit, quia propterea in Romana curia mortem misere est perpessus, adhuc
tamen stat et durabit idem denarius: moht ich den phenninge etc.* Die Worte:
„*quod et factum — idem denarius*“ sind von erster Hand an den Rand geschrieben.

gewonnen, auch nach dem Norden und dem fernsten Osten des Reiches
waren dieselben gedrungen: in Thüringen, der Mark Brandenburg, Böhmen,
Mähren, Schlesien, Pommern, Preussen und Polen finden wir in jener
Periode waldensische Gemeinden. In Oesterreich sind die „Kunden" —
so nannten sich in Süddeutschland die Waldenser — so zahlreich geworden, dass die Inquisition eine bewaffnete Erhebung derselben be-
fürchtet; von Steiermark aus haben sie sich über Ungarn bis nach
Siebenbürgen und Galizien verbreitet.[1] Wollte es die Kirche nicht
zu einem allgemeinen Abfall Deutschlands vom katholischen Glauben
und zur Rückkehr ähnlicher Zustände, wie diejenigen Südfrankreichs
vor der Zeit der Albigenserkriege waren, kommen lassen, so war es
für sie höchste Zeit, durch die Inquisitionsgerichte jenen Geist der Empörung, so weit es überhaupt noch möglich war, niederzuringen und
die weltlichen Fürsten zur Unterstützung im Kampfe gegen die Häretiker
aufzurufen. — Die Kirche hat denn auch jenen bedeutungsvollen Moment
nicht versäumt; mit planmässiger und schonungsloser Energie machen
sich die „Erforscher der ketzerischen Bosheit" an die Verfolgung der
Waldenser und bald sehen wir von der Lombardei bis zum baltischen
Meere, von der Raab bis zum Rheine die Scheiterhaufen emporlodern.
In Süd- und Mitteldeutschland hat sich besonders der Coelestinerprovincial
Petrus und der Priester Martin von Prag durch Aufspürung zahl-
reicher Waldenser- Gemeinden hervorgethan. Zuerst, wie es scheint, in
Böhmen als Inquisitoren thätig, wurden beide in der Zeit zwischen 1380
und 1390 nach Oesterreich berufen, wo wir sie in den Diöcesen Passau
und Salzburg, später auch in den ungarischen Diöcesen Raab und Gran
als Glaubensrichter finden. Bei den nahen Beziehungen, in denen die
österreichischen Kunden zu ihren Glaubensgenossen in Franken, Baiern
und Thüringen standen, ergab es sich von selbst, dass auch diese Landschaften von den beiden Inquisitoren heimgesucht wurden. Noch vor
dem Jahre 1390 ist Martin von Prag in Regensburg,[2] im Jahre 1391

---

[1] Ausführlichere Angaben über die Verbreitung der Waldenser in Deutschland und ihre Verfolgung durch die Inquisition während des Mittelalters gedenken
wir in Kurzem an anderem Orte zu machen. Ueber das Folgende vgl. auch
Friess, Patarener, Begharden und Waldenser in Oesterreich während des Mittelalters. Oesterreichische Vierteljahrsschrift für katholische Theologie XI 1872
S. 209—272 Preger a. a. O. Röhrich, Mittheilungen aus der Geschichte der
evangel. Kirche des Elsasses I S. 3—77. Gieseler, Lehrbuch der Kirchengesch. 2. Aufl. II, 2 S. 301—303.

[2] Röhrich a. a. O. S. 63. Friess a. a. O. S. 257.

in Erfurt über Waldenser zu Gericht gesessen [1]); wenn wir den Angaben des Trithemius [2]) Glauben schenken, hat er sich endlich auch im Jahre 1392 von Würzburg aus, wo er die Anhänger der Geissler und Begharden-Sekte zur Rechenschaft gezogen, nach Erfurt begeben, um einen Theil der dortigen Begharden und „anderen Ketzer" zu kirchlichen Bussen, einen andern zum Scheiterhaufen zu verurtheilen.

Im Jahre 1391 hat nach den Aufzeichnungen eines Zeitgenossen auch in Würzburg ein Strafgericht über die dortigen Waldenser stattgefunden [3]). Von Schwaben kommend erschien damals Martin von Prag vor dem Bischof Gerhard von Schwarzenburg mit der Kunde, dass ihm von Waldensern in „anderen Ländern", wahrscheinlich von den Kunden in Oesterreich und Baiern, wichtige Angaben über die in Würzburg bestehende Waldensergemeinde gemacht worden seien. Der Bischof säumte nicht; dem wahrscheinlich schon früher durch päpstliches Dekret mit der Verfolgung der Häretiker in den Kirchenprovinzen Mainz und Salzburg betrauten Inquisitor die Untersuchung gegen die Ketzergemeinden in seiner Diöcese zu übertragen, welche dieser auf Grund seiner vieljährigen Erfahrungen eifrig betrieben und durch einen feierlichen Akt im Hofe Katzenwicker zum Abschluss gebracht hat. Als Angeklagte erscheinen dort der Metzger Jacob Graff mit seiner Gattin Gerhusa und seiner Schwester Ella, der Metzger Johannes Swop,

[margin] Waldenser in Würzburg 1391.

[1]) Nach den Angaben einer Würzburger Handschrift des 15. Jahrhunderts: *Postea tamen anno domini 1391 per dominum Martinum de Amberg et fratrem Petrum Coelestinum omnes in Erfordia sunt convicti et conversi, abiurati et cruce signati.*

[2]) Vgl. oben S. 17. Vielleicht sind aber die beiden von Trithemius und in der angeführten Würzburger Hs. überlieferten Inquisitionsakte des Martin von Prag (bez. von Amberg) identisch.

[3]) Das Folgende nach den Angaben der sogenannten Ebracher Handschrift des Michael de Leone (Ms. 6 des kgl. Kreisarchivs zu Würzburg S. 55). Dieselben sind in höchst mangelhafter Form abgedruckt bei Schneidt, Thesaurus juris Franconici Abschnitt 1 Heft 17 S. 3263 ff., für die Kirchengeschichte aber bisher noch nicht verwerthet. Der Text der Hs. gibt als das Jahr der Waldenserverfolgung das Jahr 1391 an, nicht 1390, wie Schneidt und Ruland (Die Ebracher Hs. des Michael de Leone. Archiv des histor. Vereins v. Unterfranken XIII S. 175) gelesen haben. Widersinnig ist namentlich die Stelle bei Schneidt (S. 3264): *dicunt non esse orandum pater noster et verba consecrationis,* während es in der Hs. heisst: *dicunt nihil esse orandum nisi pater noster* etc.

der Makler Gebhard, ferner Johannes und Heinrich Gostenhofer und
Gerhusa Steltzner, endlich die Wäscherin Anna Frost, welche sich
sämmtlich als Angehörige der Waldensersekte bekennen. Die Meisten
gehörten derselben seit langer Zeit an, Gerhusa Graff z. B. seit zwanzig,
Johann Swop seit dreissig Jahren, Wie in Oesterreich bezeichneten
auch in Würzburg die Waldenser die rechtgläubigen Katholiken als
„die Fremden", sich selbst aber als „die Kunden"[1]) und waren — ganz
nach mittelalterlicher Anschauung — von ihren eigenen Ansprüchen
auf die Seligkeit ebenso fest überzeugt, wie von der einstigen Ver-
dammung ihrer Gegner.   Die übrigen allerdings nur unvollständig angeführten Lehrsätze der Würzburger Waldenser stimmen ganz und gar
mit den in neuerer Zeit aus den Inquisitionsakten des Coelestiners
Petrus mitgetheilten Glaubensartikeln der österreichischen Kunden[2]) über-
ein: sie verwerfen das Fegfeuer, die Gebete für die Verstorbenen,
die Anrufung der Heiligen, den Kirchengesang, das Weihen des Wassers,
den Ablass, die Feier der Messe und den Eid und halten ihre Prediger,
die den Aposteln gleich die Welt durchwandern, für berechtigt, Beicht
zu hören und die Absolution zu ertheilen.

Ueber das, was uns erst ein vollständiges und richtiges Bild von
der Eigenart der Würzburgischen Waldenser zu geben vermocht hätte,
über den Einfluss der waldensischen Glaubenssätze auf die Sittlichkeit ihrer
Bekenner, suchen wir in dem uns erhaltenen Aktenstücke vergebens
Aufschluss. Wollen wir auf eine Charakterisirung der für die Religionsgeschichte Frankens so überaus wichtigen und so vielfach verleum-
deten[3]) Waldensersekte nach jener Seite hin nicht ganz verzichten, so
bleibt uns nichts übrig, als auf die allgemeinen Schilderungen des
Waldenserthums zurückzugehen, wie sie in den mit seiner Bekämpfung sich beschäftigenden theologischen Schriften des Mittelalters sich

---

[1]) a. a. O. *nuncupaverunt se inter se ... dy kunden et nos dy frömden.*
Bei Schneidt steht irrthümlich: *dy kunden, och dy frömden.*

[2]) Vgl. Friess, a. a. O. Preger, Beiträge zur Geschichte der Waldesier
im Mittelalter a. a. O. S. 296.

[3]) In den Niederlanden hat man im 15. Jahrhundert die Waldenser in
wahrhaft satanischer Weise verleumdet, der Zauberei, der Anbetung Lucifers und
der furchtbarsten Sittenlosigkeit beschuldigt, wie es sich besonders aus dem un-
gedruckten Tractate des Johannes Tinctor von Tournay aus der Mitte des 15. Jahrhunderts ergibt. Vgl. auch Soldan's Gesch. der Hexenprozesse. Neu bearbeitet
von H. Heppe I S. 223 ff.

finden und von welchen diejenige des sogenannten Pseudoreiner, eines österreichischen Inquisitors des 13. oder 14. Jahrhunderts, hier eine Stelle finden mag [1]).

„Die Waldenser", heisst es dort, „sind am besten an ihrer stillen und eingezogenen Lebensweise zu erkennen. Sie sind ohne Hochmuth und tragen weder kostbare, noch unsaubere Kleider. Handelsgeschäfte machen sie nicht, um Eid und Lüge und Betrug zu vermeiden, sondern sie leben von ihrer Hände Arbeit; auch ihre Lehrer sind Schuster und Weber. Sie sammeln keine Reichthümer, sondern sind mit dem Nothwendigen zufrieden. Die Waldenser sind vor Allem keusch, mässig in Speise und Trank; weder die Schenken, noch Tänze, noch ähnliche Vergnügungen suchen sie auf. Ihren Zorn beherrschen sie, arbeiten, lernen und lehren ohne Unterlass und beten dessshalb zu wenig. In die Kirche gehen sie aus Verstellung, bringen Opfer, beichten, communiciren und hören die Predigten, aber nur um den Prediger eines Widerspruchs zu überführen. Auch an ihrer ehrbaren und gelassenen Redeweise sind sie zu erkennen. Denn sie hüten sich vor Possen, Verleumdung und leichtfertigen Worten, ebenso wie vor Lüge und Schwur". Konnte den Waldensern überhaupt ein grösseres Lob aus dem Munde des sie verfolgenden Glaubensrichters werden?

So unwahrscheinlich es ist, dass die Untersuchung des Martin von Prag auf die neun im Vorhergehenden genannten Personen sich beschränkte, so müssen wir uns doch an die wenigen ihren Prozess behandelnden Notizen genügen lassen.

Darnach ist der Inquisitor im Gegensatze zu der furchtbaren Praxis, welche sein Amtsgenosse Petrus in Oesterreich beobachtete, — allein in Steier erlitten um das Jahr 1395 mehr als hundert Ketzer den Feuertod — ziemlich milde gegen die Würzburger Waldenser verfahren: nachdem sie in der feierlichen Gerichtssitzung im Hofe Katzenwicker ihre Irrthümer abgeschworen hatten, wurden ihnen blaue Kreuze auf die Vorder- und Rückseite ihrer Kleidung aufgeheftet, die sie fortan, so oft sie sich öffentlich zeigten, zu tragen hatten. Bischof Gerhard war barmherzig genug, den Verurtheilten noch vor dem Ablaufe der von

---

[1]) Pseudoreiner, Contra Waldenses c. VII in Gretser, Opera omnia XII, 2 S. 40. Vgl. Gieseler, De Rainerii Sachoni Summa de Catharis et Leonistis. Gotting. 1835 und Preger, Beiträge a. a. O.

dem Inquisitor bestimmten Frist das Ablegen der sie aus der menschlichen Gesellschaft ausschliessenden Kreuze zu gestatten.

Waldenser in der Diöcese Bamberg. Ueber das gleichzeitige Vorhandensein von Waldensern in der Diöcese Bamberg liegen uns weniger bestimmte Nachrichten vor. Auf dem zu Prag abgehaltenen Concil des Jahres 1381 hatte allerdings der Erzbischof Johann von Prag darauf hingewiesen, dass in den ihm als päpstlichen Legaten unterstellten Bisthümern Bamberg, Regensburg und Meissen die Sekte der Waldenser sich weit verbreitet habe und dass es für die einzelnen Bischöfe höchste Zeit sei, sich ihrer bisherigen Lässigkeit gegenüber den Ketzern zu entschlagen [1]); wie weit speciell den Bischof von Bamberg jener Vorwurf getroffen hat, ist jedoch nicht zu ermitteln. Bedeutsamer ist es, wenn wir in jener Zeit Angehörige der Bamberger Diöcese, die sich durch die Flucht der Verfolgung der heimischen Inquisitoren entzogen haben mochten [2]), in anderen Gegenden der Zugehörigkeit zu den Waldensern angeklagt finden. Als im Jahre 1374 ein Prediger der Strassburger Waldenser (Winkeler) sich zur römischen Kirche zurückwendet und die ganze Gemeinde mit Denunciation bedroht, beschliesst diese — ungeachtet ihres sonstigen Abscheus vor jedem Blutvergiessen — die Ermordung des Abtrünnigen. Unter den Vollstreckern des Todesurtheils, die sämmtlich zur Sekte gehören, befindet sich „einer von Bobenberg" [3]). Im Jahre 1391 werden ferner in Oesterreich zwölf Reiseprediger der Waldenser aus fast allen Landschaften Deutschlands und der Nachbarländer in Verhaft genommen, unter ihnen der Schmied Hermann von Mistelgau (in der Nähe Baireuth's) und Nicolaus, der Sohn eines Müllers, aus dem hart an der Grenze des Bisthums liegenden Plauen [4]); zwei Landsleute des Letzteren, der Krämer Nicolaus und der Scholare Claus, eines Leinewebers Sohn, ebenfalls waldensische Prediger, waren schon längere Zeit vor dem Jahre 1391 in Oesterreich zum Widerruf gezwungen worden [5]).

---

[1]) Höfler, Concilia Pragensia 1353—1413 S. 26 (Abhandlungen der k. böhm. Gesellsch. der Wiss. V. Folge XII.)
[2]) Vgl. z. B. die Angabe einer Augsburger Chronik (Chroniken der deutschen Städte. Bd. 4 Augsburg I S. 97) zum Jahre 1393: Man sol wissen, daz vil ketzer von der stat fluchen und sich enweg purgen.
[3]) Röhrich, a. a. O. S. 43.
[4]) Friess, a. a. O. S. 257.
[5]) Nach den Angaben der mehrfach angeführten Handschrift der Würzburger Universitätsbibliothek.

Auf eine um das Jahr 1393 in Bamberg eingeleitete Waldenserverfolgung scheint endlich eine Notiz der Augsburger Stadtchronik von
1368—1406 hinzudeuten:[1]) zu Ende Juli des genannten Jahres kam
nämlich nach Augsburg „ain pfaff her von Baubenberg, der
bredigt von wüchern ser und fast . darnach ward er bredigen von den
ketzern und sprach, ez wer gar vil ketzer zů Augspurg und die wölt
er rügen und furpringen, und wölt darumb sin plůt vergiessen oder
liden, waz gotz will wär". Offenbar nur ungern übertrug Bischof
Burkhard von Augsburg dem frommen Eiferer — in anderen Quellen
heisst er „Herr Heinrich der Ketzermeister" oder „Heinrichus Bambergensis"[2]) — das Amt eines Inquisitors, der, obwohl durch gewaltthätige
Aeusserungen des Volksunwillens bedroht, eine Reihe von Mitgliedern
der Augsburger Waldensergemeinde zu schweren Strafen verurtheilte.
Bis zur Nordgrenze des Bisthums Augsburg und bis nach Franken
hinein haben sich die Verfolgungen der „Grüblinsleut" — so nannte
sie das Volk in Schwaben — fortgesetzt: in Donauwörth verbrannte
man sechzehn, nach Anderen sechsundzwanzig Ketzer, in Wemding
endeten zehn, in Dinkelsbühl zwei Waldenser auf dem Scheiterhaufen[3]). Im Volke freilich sprach man ohne Scheu davon, dass nur
die Reichen, deren Güter nach ihrem Tode an die Kirche fielen, die
Todesstrafe treffe, während mit den Armen gelinder verfahren werde.[4])

Bald sollte auch Nürnberg der Schauplatz eines solchen Auto-
da-Fé's werden. „Des jars 1399", so heisst es in den Nürnberger
Chroniken[5]), „verprant man 6 frawen und ein man zu Nürmberg, die warn
ketzer, und sünst vil mann und frawen, die liessen in Kreutz
an neen und püsseten, am erichtag vor sant Walpurgen tag." Dass
wir es hier mit Waldensern zu thun haben, ist ja von vorneherein

---

[1]) Chroniken der deutschen Städte vom 14. bis ins 16. Jahrhundert. Bd. 4
und 5 Augsburg I S. 96, II S. 45.

[2]) Ebenda I S. 96 Anm. 2. Gassari Annales Augstburgenses in Mencken's
Scriptores rerum Germanicarum I S. 1533.

[3]) Stadtchroniken a. a. O. I S. 97. Oefele, rerum Boicarum scriptores
I S. 618—621.

[4]) Oefele, a. a. O.: episcopus recepit bona eorum, male sibi pauperes
fuerunt dimissi, divites combusti ... tandem finaliter inventum est, quod domini
illorum, qui combusti fuerunt, receperunt bona ipsorum et pauperes dimiserunt.
credo, quod causa principalis fuerit mala.

[5]) Chroniken der deutschen Städte. Nürnberg I S. 362, III S. 297,
IV S. 136—137.

wahrscheinlich, wird aber noch dadurch bestätigt, dass auch hier „meyster Mertein Ketzermeister" die Untersuchung leitet und dass ferner gerade in jener Periode vom Nürnbergischen Gebiete aus waldensische Lehren sich im Bisthum Eichstädt verbreitet haben [1]).

Waldenser in der Diöc. Eichstädt. Nur weniges ist uns über den gegen diese eichstädtischen Waldenser eingeleiteten Prozess überliefert. Der Bischof Friedrich IV. (1383—1415), heisst es, habe die Anhänger der Sekte aller Orten aufsuchen lassen und die Schuldigen theils mit Busskreuzen bezeichnet, theils zum Scheiterhaufen verurtheilt. [2]) Einen ihrer Prediger haben wir vielleicht in dem 1391 in Oesterreich festgenommenen Schmiede Johann vom Sande [3]) zu erkennen.

Die Waldenser in Böhmen und der Hussitismus. War es der Inquisition am Ausgang des 14. Jahrhunderts gelungen, in den meisten deutschen Landschaften die waldensische Sekte, wenn auch nicht auszurotten, so doch auf engere Kreise zu beschränken und ihren weiteren Fortschritten einen Damm entgegenzusetzen, so kam doch auf einem Punkte ihr Einschreiten zu spät: in Böhmen war aus den seit vielen Jahrzehnten ausgestreuten Lehren der waldensischen Prediger [4]) eine für die ganze Zukunft der Kirche verhängnissvolle Saat emporgesprosst. Hätte der fromme Petrus Pilchdorf, als er im Jahre 1395 mit triumphirendem Hohne auf die Menge der zur Kirche zurückgeführten böhmischen Waldenser hinwies [5]), hätte er es wohl ahnen können, dass fünfundzwanzig Jahre später die Rosse eines unbesiegbaren böhmischen Ketzerheeres die Gefilde der Nachbarländer zerstampfen würden und dass die Kirche selbst aus dem Kampfe gegen die Empörer mit einer unheilbaren Wunde hervorgehen werde?

Die Frage nach dem Antheil, welchen das Waldenserthum an dem böhmischen Reformationsversuche des 15. Jahrhunderts genommen, ist eine so schwierige und doch zugleich für die Gesammtauffassung der mittelalterlichen Religionsgeschichte so entscheidende Frage, dass wir bei dem engen unserer Darstellung zugemessenen Raume weder

---

[1]) S t r a u s s , Viri scriptis, eruditione ac pietate insignes, quos Eichstadium vel genuit vel aluit. Eichst. 1799 S. 128.

[2]) Ebenda. Vgl. S a x , Versuch einer Gesch. des Hochstiftes und der Stadt Eichstädt S. 129.

[3]) F r i e s s , a. a. O. S. 257: *item Johannes dictus de Arena in Bavaria, faber.*

[4]) Vgl. P r e g e r , Beiträge zur Geschichte der Waldesier a. a. O. S. 228—229.

[5]) G r e t s e r , Opera XII, 2 S. 55.

daran denken können, sie hier erschöpfend zu behandeln, noch weniger
aber dieselbe unbeantwortet lassen dürfen. Um unsere vielleicht später
ausführlicher zu begründende Ansicht hier kurz zusammenzufassen, so
glauben wir in der Geschichte der böhmischen Reformbewegung, abgesehen von den hier nicht in Betracht kommenden politischen und
socialen Motiven, zwei Grundströmungen unterscheiden zu müssen, die,
wenn sie auch an vielen Punkten sich berühren und durchkreuzen,
dennoch auf einen ganz verschiedenen Ursprung zurückzuführen sind.[1]
Die eine Strömung wird durch die gelehrte Opposition der liberalisiren-
den böhmischen Theologen, von Conrad Stiekna († 1369) bis auf
Johann Hus herab repräsentirt, die auch in ihrer schärfsten Aus-
bildung nicht über die Bekämpfung der Vorrechte des Primates, eine
höhere Werthschätzung der Schrift gegenüber der kirchlichen Tradition
und den Widerspruch gegen die Sittenverderbniss des Clerus und einzelne
Missbräuche, namentlich bezüglich des Ablasses, hinausgegangen ist,
am allerwenigsten an ein Ausscheiden aus der Kirche gedacht hat.[2]
Die zweite und mächtigere Grundströmung, als deren letztes Ziel die
vollständige Trennung von dem Papstthum und der katholischen Kirche
erscheint, bildet das Waldenserthum, das in Böhmen, wie schon
bemerkt, durch glückliche Umstände begünstigt, besonders tiefe Wurzeln
gefasst haben muss. Wie die Calixtiner, abgesehen von der allen
Parteien gemeinsamen waldensischen Forderung des Laienkelches, sich
im Wesentlichen auf den dogmatischen Standpunkt von Hus und dessen
Lehrer Wiclif stellten, so wurde das Reformprogramm der Waldenser
mit äusserst geringen Modificationen und bis auf die scheinbar neben-
sächlichsten Punkte von den Taboriten aufgenommen. Fassen wir
nun aber die Stellung der Letzteren als der eigentlichen böhmischen
Volkspartei ins Auge und erwägen wir, dass von den Taboriten alle
entscheidenden Schritte von dem Prager Fenstersturz des Jahres 1419
bis zu den Verhandlungen mit dem Basler Concil ausgegangen sind,
dass ferner mit dem Siege der Calixtiner über die Taboriten im Jahre 1434

---

[1] Vgl. Ebrard, Handbuch der christlichen Kirchen- und Dogmen-
Geschichte II S. 441 ff., mit dem wir in vielen, wenn auch nicht in allen Punkten
übereinstimmen. Von Anderen, namentlich von Krummel, Geschichte der
Böhmischen Reformation, und Palacky wird jeder Einfluss der Waldenser auf
die böhmische Reformbewegung geleugnet.

[2] Lechler, Johann von Wiclif und die Vorgeschichte der Reformation
II S. 233 ff.

die ganze böhmische Reformbewegung zum Stillstand oder vielmehr
zum Anfang ihrer allmählichen Versteinerung gelangt ist, so werden
wir über zwei Thatsachen nicht im Zweifel bleiben können: einmal, dass das Waldenserthum mit seiner consequenten Negirung aller
kirchlichen und politischen Institutionen, die mit der Bibel nicht im
Einklang zu stehen schienen, das treibende und eigentlich revolutionäre
Element des husitischen Reformationsversuchs gewesen ist, zu dem
Hus' Auftreten und Verurtheilung allerdings erst den äusseren Anlass
geben musste; zweitens, dass eine erfolgversprechende Propaganda für
die „husitischen" Lehren in den Nachbarländern Böhmens nur von der
auf den Schultern der Waldenser stehenden Partei der Taboriten aus-
gehen konnte; dieser mochte es allerdings nicht schwer werden, besonders
in den durch die waldensische Agitation des 14. Jahrhunderts unter-
wühlten Provinzen der deutschen Kirche, sei es neue Anhänger zu
gewinnen, sei es die dort bestehenden Waldensergemeinden einem Anschluss an das Taboritenthum geneigt zu machen.

Von diesem Gesichtspunkt aus betrachtet ist es denn auch leicht
erklärlich, dass wir besonders in Süddeutschland bis auf die zweite
Hälfte des 15. Jahrhunderts herab einer Reihe von Reisepredigern
begegnen, die, in engster Beziehung zu den dortigen Waldensergemeinden
stehend, von der Inquisition als des Husitismus überführt verurtheilt
werden und in deren Lehren wir trotzdem die fast unveränderten
Glaubenssätze der Waldenser des 14. Jahrhunderts wiedererkennen.
Wenn nicht alles täuscht, hatten es die deutschen Kunden, wie auch
die Waldenser in der Schweiz [1]), in Piemont und Frankreich [2]) in erster
Linie der Wirksamkeit jener taboritischen Prediger und der durch sie
vermittelten geistigen und materiellen Unterstützung seitens ihrer
böhmischen Glaubensgenossen zu danken, dass sie bis auf die Zeit der
Reformation herab den Verfolgungen der Inquisition zu widerstehen
vermochten.

---

[1]) Im Jahre 1430 bekennen die Waldenser in Freiburg in der Schweiz,
dass ihre Lehrer aus Deutschland und Böhmen kommen. Vgl. Ochsenbein,
Aus dem Schweizerischen Volksleben des XV. Jahrhunderts Bern 1881 S. 200.

[2]) Auf der Versammlung der französischen Geistlichkeit zu Bourges im
Jahre 1432 wurde über die Ausbreitung husitischer Lehren in Frankreich geklagt
und hervorgehoben, dass ein Theil der Bewohner der Dauphiné sogar Geldbeiträge
nach Böhmen schicke. Vgl. Palacky, Urkundliche Beiträge zur Gesch. des
Husitenkrieges II S. 273.

Was nun speciell das Verhältniss Frankens zu Böhmen während Böhmen und
der uns hier beschäftigenden Periode anlangt, so hatten bis auf die Franken am Anfange des 15. Jahr-
Zeit der böhmischen Revolution herab die allerengsten Beziehungen hunderts.
zwischen den beiden Ländern bestanden: die Söhne des fränkischen Adels
sowie die Angehörigen der bischöflichen und Reichs-Städte, unter ihnen besonders stark die Nürnberger vertreten, besuchten in den letzten Decennien
des 14. Jahrhunderts bis auf das verhängnisvolle Jahr 1409 herab in
stets wachsender Anzahl die Prager Universität[1]); die Handels-
verbindungen Nürnbergs mit Böhmen waren durch wichtige Privilegien
König Johanns und Karl's IV. sehr wesentlich erweitert worden und
mussten in erster Linie dazu beitragen, Hus' Lehren in Franken
bekannt zu machen.[2]) Ueber den überaus freundlichen Empfang, den Hus in Franken
er selbst auf seiner Durchreise nach Constanz in mehreren Städten der 1414.
Oberpfalz und Mittelfrankens fand, hat Hus sich bekanntlich in einem
von Nürnberg aus an seine Prager Freunde gerichteten Briefe vom
20. October 1414 ausgesprochen: in Bärnau versichern ihm der Pfarrer
und dessen Vicare, sie seien immer seine und seiner Lehre Freunde
gewesen; in Sulzbach, Hersbruck und Lauf begrüssen ihn die Geistlichen und Beamten, erbitten sich Auskunft über seine Lehre und
erklären sich mit dem Inhalt seiner Vorträge einverstanden. In Nürnberg endlich sprach sich Hus vor einem zahlreichen Auditorium von
angesehenen Bürgern, Geistlichen und Rathsherren über die ihm zum
Vorwurf gemachten Glaubenssätze aus und hatte nach einer vier-
stündigen Discussion die Genugthuung, dass sämmtliche Anwesende erklärten, was er vorgetragen, entspreche ganz und gar den Lehren der
Kirche, und sie hofften sicher auf seine Freisprechung durch das Concil.
Wie erschütternd musste auf diese Zuhörer die nach kurzer Weile ein-
treffende Kunde von der Verbrennung des böhmischen Magisters wirken!

Wie in Schlesien, Bayern und Oesterreich, so haben die Husiten Husitische Mis-
namentlich auch in den ihnen benachbarten östlichen Theilen Frankens sionäre in der
Diöcese Bamberg
schon frühzeitig Verbindungen anzuknüpfen und Anhänger zu gewinnen 1418—1421.
gesucht. Als einen husitischen Emissär von offiziellem Charakter dürfen

---

[1]) von Lang, Ueber den Einfluss der Universität zu Prag auf die Studien
in Franken. Archiv f. Gesch. u. Alterthumsk. des Ober-Main-Kreises 1,1 1832
S. 50—66.

[2]) Roth, Gesch. des Nürnbergischen Handels I S. 35—37.

[3]) Palacky, Documenta mag. J. Hus vitam, doctrinam, causam illustrantia
S. 75—76, 245.

wir wohl den bekannten, anfangs der calixtinischen, später der taboritischen Partei angehörenden Prager Magister P e t e r P a y n e[1]) bezeich-
nen, der im Jahre 1418, wiewohl vergebens, mit dem Nürnberger Waldenser Hans von Plauen über den Anschluss der deutschen Kunden an
das Husitenthum verhandelte. Drei Jahre später, am 9. Mai 1421,
sendet der Rath von Nürnberg an den Bischof von Bamberg einen
gefangenen b ö h m i s c h e n P r i e s t e r, der in Gräfenberg (zwischen
Nürnberg und Bayreuth) sich *in seinen worten beweist und gehalten
hett, darumb man etwas arkwons cristlichen glauben antreffend zu
im hett.* Derselbe kam dann auch nach Nürnberg und hat sich da
nicht priesterlich noch wol gehalten, so dass ihn der Rath ver-
haften liess.[2])   Auch der einheimische Clerus stand unter dem Verdachte der Hinneigung zu den husitischen Lehren: der Abt von Wald-
sassen (in der Nähe von Eger) wurde im Jahre 1421 beschuldigt,
dass er *von der gemeinschaft der heiligen cristenheit zu den pösen
ketzern den Hussen* übergetreten sei.[3]) Anderen Nachrichten zufolge
hat Bischof Albrecht von Regensburg bei seinem Amtsantritt (1409)
die gesammte Geistlichkeit seiner bekanntlich bis nach Eger hinauf
sich erstreckenden Diöcese von den böhmischen Haeresieen angesteckt
und in offener Empörung gegen die Kirche angetroffen.[4])

Johannes Drän-
dorf im Bisthum
Würzburg.

Im Bisthum Würzburg war es zuerst der sächsische Edelmann
J o h a n n e s D r ä n d o r f[5]) aus Schlieben (Regierungsbez. Merseburg),
der um das Jahr 1425 die taboritisch-waldensischen Lehren in weiteren
Kreisen zu verbreiten suchte. Im Jahre 1390 als reicher Eltern Kind
geboren, hatte er in Dresden die Vorlesungen eines Magisters Friedrich
und des Waldensers Petrus von Dresden gehört, welcher bekanntlich die erste Veranlassung zu der Einführung des Laienkelches in
Böhmen gegeben hat. Von Dresden begab er sich auf die Universität

---

[1]) J u n g, Friedrich Reiser, in Timotheus II Strassburg 1822 S. 55 ff.

[2]) P a l a c k y, Urkundliche Beiträge zur Gesch. des Husitenkrieges
I S. 90.

[3]) E b e n d a I S. 118.

[4]) H o c h w a r t, Catalogus episcoporum Ratisbonensium lib. III c. 20 bei
Oefele, Rerum Boicarum scriptores I S. 216.

[5]) Das Folgende nach dem Inquisitionsprotocolle bei K a p p, Kleine Nach-
lese einiger ... zur Erläuterung der Reformations-Geschichte nützlichen Urkunden
III S. 1—60. Vgl. F l a c i u s I l l y r i c u s, Catalogus testium veritatis ...
Francof. 1666 S. 732 und K r u m m e l, Johannes Drändorf, Theologische Studien
und Kritiken Jahrg. 1869 S. 130—144.

Prag und siedelte von dort, wahrscheinlich im Jahre 1409, nach der Universität Leipzig über. Nachdem er sieben Jahre später die Priesterweihe empfangen, entäusserte er sich freiwillig seines Reichthums und macht sich nach längerem Aufenthalte in Meissen und Sachsen auf den Weg nach Süddeutschland und dem Rhein, wie er angiebt, um zu erfahren, ob es dort noch Priester gebe, die nach den Vorschriften Christi leben. Zuerst scheint er die Waldenser im Voigtland — wir erinnern an unsere früheren Mittheilungen über die Waldensergemeinde in Plauen — aufgesucht zu haben[1]. Von dort begab er sich an den Rhein und fand in einem nicht näher bezeichneten Kölner Geistlichen, der früher wegen Hinneigung zum Husitismus in Untersuchung gewesen war, ferner zu Speier in dem Schulrektor Peter Turnau Gesinnungsgenossen; mit Letzterem blieb Drändorf bis zu seinem Tode durch innige Freundschaft verbunden[2]. Strassburg und Basel, beide Städte bis in die zweite Hälfte des 15. Jahrhunderts Hauptsitze der Waldenser, waren sein nächstes Ziel. Seine Predigten galten dort vor Allem der Bekämpfung des Eides, richteten sich aber daneben auch gegen einzelne, dem strengen Waldenserthum widersprechende Sätze, die sich in die Sekte eingeschlichen hatten: Christus sei nicht wahrer Gott und Mensch, und die Jungfrau Maria habe mehrere Söhne gehabt. Nach Speier zurückgekehrt, wo er nun längere Zeit verweilt zu haben scheint, knüpfte er Verbindungen mit den zur Diöcese Würzburg gehörenden Reichsstädten Heilbronn und Weinsberg an, mit welch letzterer er damals einen höchst merkwürdigen Briefwechsel begonnen hat. Im Jahre 1422 und wiederholt im Jahre 1425 war nämlich die Stadt Weinsberg in die Reichsacht erklärt, überdies von dem Bischof Johann II. von Würzburg mit dem Kirchenbanne belegt worden, weil sie sich dem Spruche des Würzburger Landgerichtes, welches ihre bisherige Reichsunmittelbarkeit aufhob und sie dem Günstlinge Kaiser Sigmund's, Konrad von Weinsberg, als erblichen Besitz verlieh, nicht gutwillig gefügt hatte[3]. Mit richtigem Blicke erkannte Drändorf, dass bei der über den offenbar ungerechten

[1] Kapp, a. a. O. S. 38: *Item interrogatus, quando et cui confessus fuit, respondit, quod fuit confessus in festo pasce ultimo preterito et confitebatur cuidam presbitero in quadam villa in Voitlandt, nec nomen ville nec presbiteri voluit nominare.*

[2] Ueber Peter Turnau vgl. Flacius Illyricus a. a. O.

[3] Stälin, Wirtembergische Geschichte III S. 428—429.

Richterspruch und die Verhängung des Interdictes tief empörten Bevölkerung Weinsbergs die radikalen Lehren der taboritischen Sekte
auf fruchtbaren Boden fallen würden. Gegen den Willen seines
vorsichtigeren Freundes Peter Turnau schrieb er an den Bürgermeister und Rath von Weinsberg zwei Briefe, worin er durch verschiedene Schriftstellen nachwies, dass der Clerus kein Recht habe,
*zu urteilen die welllichen sachen und in welltlich geschefft sich zu
mengen*; sie sollten sich darum um den Kirchenbann nicht weiter
kümmern, sondern vielmehr darauf denken, wie dem Missbrauche, den
die Geistlichkeit mit dem Interdikte treibe, ein Ende gemacht werde.
„*Und ist es dann*", schliesst er seinen ersten Brief, „*das das reiche
das lasset zugehn unnd lasset im stethe unnd land unnd leute abge-
nemmen mit bannen, so folgt, das [sie] durnach zum letzten ewer
weiber abe bannen werden, so werdet ir doch darzu mussen
thun*". Deutlicher noch spricht sich Drändorf in seinem zweiten Briefe
über die Abstellung der kirchlichen Missbräuche aus: „*Wan ich unnd
noch vihel ander priester sint zu kranck (machtlos), des wir uns
setzen widder die ungengen (störrigen) pfaffen, es were den, das
das gemein volck unnd die reichstete die augen bass auf-
thelen*." Seine Widerlegung der Berechtigung des Interdiktes stellt
er der Stadt anheim, von der Kanzel verlesen zu lassen und in Ab-
schriften an andere Städte zu versenden.

Der Rath von Weinsberg antwortete dem unerhofften Bundesgenossen in der verbindlichsten Weise und ersuchte ihn, selbst nach
Weinsberg zu kommen. Dies sagte denn auch Drändorf in einem
dritten Briefe zu, indem er die Bitte hinzufügte: „*das das in einer
geheim geschehen soll und welche euch nutz darzu beholffen mogen
sein, die moget ir besenden, wan die sach ist mühel unnd bedarff
weiser leuthe, aber besonder der hilff gots.*" Ohne der ihn bedrohenden
Gefahren zu gedenken, traf Drändorf seine Vorbereitungen: er schrieb
an mehrere seiner Gesinnungsgenossen, unter anderem an den oben
genannten Kölner Geistlichen, Briefe, worin er ihnen Weinsberg, das
offenbar die Basis der taboritischen Propaganda werden sollte, als
Stelldichein vorschlug; dort würden sie gute Aufnahme finden. Dann
reiste er von Speier ab und eilte selbst nach Weinsberg — seinem
Verhängniss entgegen. Kurz vor dem Ziele, in Heilbronn, erwartete
ihn eine niederschmetternde Nachricht: Peter Turnau war von den
Inquisitoren in Speier in Verhaft genommen worden. Was half es ihm,

dass der Bürgermeister von Heilbronn, der Drändorf jene Mittheilung gemacht hatte, sich scharf über die Ungerechtigkeit der Inquisitionsprozesse ausliess? Gegen die Allmacht der Glaubensrichter, das musste Drändorf wissen, konnte ihn die Reichsstadt, auch wenn sie wollte, nicht beschützen, und Peter Turnau's Verderben — wahrscheinlich waren den Inquisitoren gravirende Briefe in die Hände gefallen — musste unfehlbar auch das seinige nach sich ziehen. Er hatte Heilbronn noch nicht verlassen, als ihn die Häscher der Inquisition erreichten, um ihn nach Heidelberg ins Gefängnis zu führen. — Drändorf's Geschick war damit besiegelt und es blieb ihm nichts übrig, als seinem Glauben getreu bleibend zu sterben. Vor dem Inquisitionsgerichte in Heidelberg — demselben wohnte der Bischof Johann von Worms, Bevollmächtigte des Bischofs von Würzburg und mehrere Professoren der Universität Heidelberg bei — bekannte er offen seine taboritischen Glaubenssätze und wies die Aufforderung zum Widerruf ebenso wie die Zumuthung, gegen seine Gesinnungsgenossen, namentlich gegen Peter Turnau auszusagen, standhaft zurück. Die aus seinen Geständnissen gezogenen 18 Artikel, welche der Pfalzgraf Ludwig an das Concil von Basel übersandte, sowie das nur unvollständig erhaltene Inquisitionsprotocoll lassen Drändorf als gemässigten Taboriten erscheinen. Der Eid, der Ablass, die Unfehlbarkeit der Concilien, die traditionelle Feier der Messe, der „blinde" kirchliche Gehorsam, die Ertheilung von Graden und Titeln an den Universitäten, die Ausübung weltlicher Gerichtsbarkeit durch Cleriker, der Primat des Papstes werden von ihm unbedingt verworfen, dagegen giebt er zu, dass nicht jede Excommunication unzulässig, und dass in zweifelhaften Fällen dem kirchlichen Oberen Gehorsam zu leisten sei. Sollen die Geistlichen auch unter keinen Umständen weltliche Herrschaft besitzen, so mögen sie doch den Zehnten und andere Steuern erheben. Den husitischen Einfluss verräth namentlich die entschiedene Forderung der Communion unter beiderlei Gestalten, die auch von kleinen Kindern empfangen werden solle.

Mit der Verweigerung des Widerrufs seiner Lehren hatte sich Drändorf selbst zum „hartnäckigen und unbussfertigen Ketzer" gestempelt und seinen Richtern die Möglichkeit genommen, ein mildes Urtheil zu fällen. Wahrscheinlich wenige Tage nach seinem Verhöre, das am 13. Februar 1425 stattfand, endete Drändorf in Worms auf dem Scheiterhaufen. Sein Freund Peter Turnau, 1426 in Speier verbrannt, folgte dem Unglücklichen im Tode nach.

Johannes von
Frankfurt als In-
quisitor in Lauda
1429.

Sympathien f. d.
Husiten im Bis-
thum Bamberg.

Dass die Thätigkeit Drändorfs und seiner Freunde in Franken
nicht fruchtlos geblieben war, beweist der Umstand, dass wir wenige
Jahre später den Heidelberger Professor Johannes von Frankfurt,
der im Drändorf'schen Prozesse eine hervorragende Rolle gespielt hatte,
als Inquisitor in der Diöcese Würzburg wiederfinden. Nach seinen
eigenen Aufzeichnungen hat er am 4. Juli 1429 als solcher gegen die
Irrlehren eines am gleichen Tage in Lauda an der Tauber (zwischen
Mergentheim und Tauberbischofsheim) verbrannten Ketzers Johannes
Fuyger (Fugger?) gepredigt; derselbe hatte namentlich die waldensische
Lehre, dass weder die Heiligen, noch die Jungfrau Maria anzurufen
seien, vorgetragen.[1]

Auch in den zum Bisthum Bamberg gehörenden fränkischen
Landschaften waren, trotzdem die Husitenkriege immer heftiger an
den Grenzen Deutschlands tobten, die Beziehungen mit Böhmen niemals
vollständig abgebrochen worden. Zwar hatte das Reich und die Kirche
— die letztere auf dem Concil zu Siena 1423 — jeden Verkehr mit
den Ketzern unter Androhung der empfindlichsten Strafen verboten;[2]
dennoch scheinen die Husiten, wie in Schlesien,[3] so von der bairischen[4]
und fränkischen Grenze her vielfach Unterstützung durch Zufuhr von
Proviant und Kriegsmaterial erhalten zu haben. Eine lange Reihe von
Briefen des Nürnberger Rathes aus den Jahren 1421 bis 1431 lässt
erkennen, in welch schlechtem Rufe besonders Nürnberg nach jener
Seite hin gestanden hat.[5] Bald sollen Nürnberger Kauf- und Fuhrleute
den Böhmen Pulver geliefert, bald sollen sie *mit den keczern zu
Beheim in kauffen und verkauffen vil gemeynschaft gehabt haben*;
noch schwerer ist die Anklage, dass von Nürnberg aus nach Böhmen
Briefe, *die den Hussen steen sölten*, also verrätherischen Inhaltes,
abgeschickt worden seien.[6]

Nach der Schlacht bei Aussig gieng das Gerücht, dass die Ketzer
von Nürnberg aus Briefe erhalten hätten, die zum Theile dem Herzog

---

[1] Freher, De secretis judiciis olim in Westphalia usitatis Ratisb. 1762
S. 121. Dort heisst es: *in oppido Luder Herbipolensis diocoesis*, was wahrscheinlich aus *Luden*, der alten Namensform von Lauda entstanden ist.
[2] Palacky a. a. O. I S. 337. 344.
[3] Ebenda II S. 208.
[4] Ebenda I S. 367.
[5] Ebenda I S. 163. 189. 366. 432. 475. 477. II S. 225. 226.
[6] Ebenda I S. 379. 468.

Friedrich von Sachsen in die Hände gefallen seien; an ihn wendet sich der Rath von Nürnberg am 23. Juli 1426 mit der Bitte um Aufklärung und der Versicherung, dass *davon uns unseres teils niht wissend ist, ob dem also sey, oder von wem süllich brief auszuge-schikt seyn, oder was sie innhalten.*" Im Jahre 1432 endlich wird es für nöthig erachtet, dem Dominikanerprior in Nürnberg die Erlaubniss zu der Absolvirung aller reumüthigen Uebertreter des Handelsverbotes von dem auf ihnen lastenden Kirchenbanne zu ertheilen.[1]

Es wird wohl Niemandem einfallen, den Rath und die Gesammt-heit der Bürgerschaft von Nürnberg auf Grund der angeführten That-sachen und Anklagen eines Einvernehmens mit den Husiten zu be-schuldigen. Mit gutem Muthe konnten die Nürnberger von sich sagen, dass sie im Gegensatz zu zahlreichen anderen Reichsstädten sich während der Husitenkriege *oft swerlich und köstenlich angegriffen und williklich dartzu gedient und geholffen haben.* Auf der anderen Seite aber ist es schwer verständlich, wie fast gleichzeitig der Kaiser Sigmund, der Cardinallegat Julian Cesarini, die Herzoge von Bayern und Andere dazu kamen, über die erwähnten Verletzungen des Handelsverbotes bei dem Nürnberger Rathe Klage zu führen, wie ein Augustiner in Köln von der Kanzel herab die Nürnberger der Unterstützung der Ketzer be-schuldigen, wie sogar in Rom im Jahre 1426 sich nachtheilige Gerüchte über die Rechtgläubigkeit der Stadt verbreiten konnten, wenn nicht von Vielen ihrer Angehörigen in der That geheime Verbindungen mit den Böhmen unterhalten wurden. Wir werden wohl nicht fehl gehen, wenn wir hier zunächst an die durch die böhmischen Reiseprediger gewonnenen Anhänger der husitischen Lehre und die Waldenser in Nürnberg und dessen Umgebung denken.

Dass auch während der Husitenkriege sich deren Zahl vermehrte, beweist eine merkwürdige Urkunde vom Jahr 1427, worin acht deutsche Gefangene, unter ihnen **Kunz** und **Erhard von Nürnberg** und **Egidius von Schweinfurt**, den Pragern versprechen, ihr Leben lang dem „göttlichen Gesetze", d. h. dem Husitismus, vor Allem der Lehre von der Communion unter beiderlei Gestalten anzuhängen und sich zu einer bestimmten Frist wieder in Prag einzufinden.[2] Blieb

(Randnotiz: Husiten in Nürn-berg u. Schwein-furt.)

---

[1] Monumenta conciliorum generalium secnli XV. I S. 217.

[2] Palacky, a. a. O. I S. 593: *Cunczone de Normberg, Erhardo de ibidem, Egidium vinitorem Vainfor* (sic).

auch nur ein kleiner Theil der auf solche Bedingungen freigelassenen Gefangenen ihrem Eide treu, so hatten die Husiten Aussicht genug, von Jahr zu Jahr festeren Boden in den feindlichen Grenzlanden zu fassen.

Husitische Manifeste. Ein nicht weniger wirksames Mittel, den husitischen Lehren Eingang zu verschaffen, bildeten die zahlreichen **Manifeste**, in welchen die Böhmen unausgesetzt die Deutschen zur Mitwirkung an der Verbesserung und Reinigung der Glaubenslehren und zur Abwerfung des Joches der geistlichen Herrschaft aufforderten.[1] *„Der teufel hat den babst und alle seine pfaffhait betrogen"*, heisst es in dem im Jahre 1431 an die Stadt N ü r n b e r g gerichteten Briefe der Taboriten[2], *„mit dem reichtum diser werlde und mit irdischem gewalte, und wenen, sie haben ablas und gnade zu geben, weme sie selber nymert kein gnade finden."* Die Taboriten verlangen eine gütliche Beilegung des Streites, indem beide Parteien ihre Lehre *allein mit dem wort gotis* verfechten sollen. Unterliegen die Katholiken und *wollen denne eure lerer, bischoff und pfaffen mit abelegen gaistliche hoffart und pessern und pussen, so sollen wir* (die Taboriten) *euch helffen, so wir peste mugen, mit aller unser macht und wollen sie zwingen darzu, das si sich vorkeren, oder wollen sie vortreiben aus der cristenhait.*

Verlockende Worte für jene in den weitesten Kreisen Deutschlands, besonders aber in den bischöflichen Städten verbreitete Partei, die für die Zukunft kein anderes Heil, als in einer möglichst gründlichen Demüthigung der „pfaffheit" sah und nur auf den günstigen Augenblick wartete, um über den Clerus und dessen Güter herzufallen! [3]

Die Bamberger der Begünstigung des Husitismus verdächtig. Trotzdem die Bischöfe von Bamberg zu wiederholten Malen die waldensisch-taboritischen Lehren feierlich verdammten und zu energischer Verfolgung ihrer Anhänger und deren Beschützer aufforderten,[4] so stand

---

[1] Vgl. F. v. B e z o l d, König Sigmund und die Reichskriege gegen die Husiten. Abth. 3 S. 85. 140. Derselbe, Zur Gesch. des Husitenthums S. 112.

[2] W i n d e c k, c. 176, a. a. O. S. 1229 ff.

[3] Welch grosse Bedeutung man auf Seite der Rechtgläubigen jenen Manifesten beilegte, geht daraus hervor, dass die zum Basler Concil entsandten böhmischen Abgeordneten sich ausdrücklich verpflichten mussten, auf ihrer Reise durch Deutschland keine agitatorischen Schriften zu verbreiten (Monumenta conciliorum generalium sec. XV. I S. 209).

[4] S c h m i t t, die Bamberger Synoden. Zwölfter Jahresbericht üb. d. Bestehen u. Wirken d. histor. Vereins zu Bamberg 1849 S. 48. 146. 185 (Synodalstatuten aus den Jahren 1341, 1491 und 1506).

doch sogar ihre eigene Hauptstadt unter dem Verdachte der Begünstigung der husitischen Ketzerei. Auf den von Früheren [1]) oft hervorgehobenen Umstand, dass die Bamberger Bürgerschaft einen gegen die husitischen Lehren gerichteten Eid zu schwören hatte, ist allerdings kein Gewicht zu legen, da dieser Eid im ganzen Reiche und zuerst jedenfalls in den bischöflichen Städten geleistet wurde. [2]) Bedeutsam ist es dagegen, dass wie den Nürnbergern, so auch den Bambergern im Jahre 1426 ein geheimer brieflicher Verkehr mit den Böhmen vorgeworfen wurde, der sogar zu der Niederlage des Kreuzheeres bei Aussig Veranlassung gegeben haben sollte. [3]) Als im Jahre 1430 die Husiten sengend und brennend in die oberfränkischen Lande einbrachen und nach der Zerstörung von Plauen und Hof sich der Stadt Bamberg näherten, trat diese mit Procop dem Grossen in Unterhandlungen. In einem Briefe vom 2. Februar 1430 forderte der böhmische Feldherr die Bamberger auf, zu den „evangelischen Wahrheiten zurückzukehren"; für die Vergünstigung einer Bedenkzeit sollten sie 50 000 Gulden bezahlen. [4]) Während aber der Rath noch mit den Husiten verhandelte und ein grosser Theil der Bürgerschaft aus Furcht die Stadt verliess, rotteten sich Haufen „küner buben" aus den unteren Volksklassen zusammen, welche das Beispiel der husitischen Soldateska nachahmend, die Stadt zum Schauplatz der furchtbarsten Excesse machten: das Rathhaus und die Wohnungen der reichen Bürger wurden geplündert, die Kirchen und Frauenklöster erbrochen, die Nonnen entehrt und misshandelt. [5]) Aehnliche Auftritte wiederholten sich während des langen Streites (1431—1439), den die Bamberger mit dem Bischof Friedrich über das von ihnen beanspruchte Recht der Befestigung ihrer Stadt geführt haben. Mit dem Interdikte belegt, erhoben sich die Bürger am 25. Mai 1435 in Waffen gegen die geistliche Herrschaft, erstürmten das Kloster Michaelsberg,

---

[1]) Vgl. besonders Heller, Reformationsgesch. des ehemal. Bisthums Bamberg S. 11, wo die deutsche Eidesformel mitgetheilt wird. Gieseler, Lehrb. der Kirchengesch. II,4 S. 480. Vgl. den im Drucke befindl. 8. Bd. der Deutschen Reichstagsakten S. 28 ff. 95 ff.

[2]) Palacky, Gesch. von Böhmen III Abth. 2 S. 108: Derselbe, Urkundl. Beiträge I S. 100. 120.

[3]) Palacky, Urkundl. Beiträge I S. 468.

[4]) 22. Bericht des histor. Vereins zu Bamberg 1859 S. 134.

[5]) Palacky, Urkundl. Beiträge II S. 104. Hoffmann, Annales Bambergenses c. 49 in Scriptores rerum episcopatus Bambergensis S. 233. v. Bezold, K. Sigmund u. d. Reichskriege gegen die Husiten. Abth. 3 S. 40.

zerstörten dasselbe zum Theil und verjagten die Mönche; der Bischof selbst soll bei jenem Auflaufe verwundet worden sein. [1] Die Gesandten des Basler Concils in Deutschland charakterisirten schon im Jahre 1432 die Bedeutung dieser Wirren sehr richtig mit den Worten: „Die Bamberger sind Nachbarn der Böhmen!"[2] — und auch sonst findet man in jener Zeit die Befürchtung eines Zusammengehens der Bamberger mit den Husiten ausgesprochen. [3] Noch im Jahre 1448 hatte sich eine Synode des Bamberger Clerus mit dem Verhöre des damaligen Dompredigers, Magister Heinrich Steinbach, zu befassen, welcher auf der Kanzel husitische Lehren vorgetragen hatte. Der Angeklagte wurde zum Abschwören der „wiclifitischen Irrthümer" und zu öffentlichem Widerruf in der Domkirche verurtheilt. [4]

Versöhnliche Stimmung in Franken gegenüber den Husiten 1432.

Welch versöhnliche Stimmung sich besonders nach der furchtbaren Niederlage bei Taus den Husiten gegenüber in Franken geltend machte, geht aus den Aufzeichnungen des Johannes de Ragusio hervor, welchen grösstentheils Briefe der Bevollmächtigten des Baseler Concils, die sich in Franken behufs der Einleitung von Verhandlungen mit den Böhmen aufhielten, zu Grunde liegen. [5] Immer wieder hören wir sie die Versicherung aussprechen, dass, wenn nicht das Concil die Einigung mit den Böhmen eifrig betreibe, die Reichsstände in Franken, wie schon früher im Jahre 1429, auf eigene Faust mit den Husiten verhandeln würden — welche Gefahren für die Kirche daraus entstünden, lasse sich nicht absehen. Als es im Jahre 1432 den Anschein hatte, dass das Concil auf italienischen Boden verlegt und die Erledigung der böhmischen Frage damit bis auf Weiteres vertagt werden solle, bricht der Gesandte des Concils, der bekannte Dominicanerprior und Inquisitor Nider in laute Klagen aus: das Volk und der Clerus in Franken seien über den Papst aufs Aeusserste aufgebracht; man ergehe sich in Schmähungen gegen ihn, die Cardinäle und die ihnen nahestehenden deutschen Bischöfe; die Fürsten und die Ritterschaft Baierns und Frankens würden nun selbst mit den Husiten in Unterhandlung treten.

Man werfe nicht ein, dass es sich hier ausschliesslich um die

---

[1] Vgl. v. Liliencron, Die histor. Volkslieder der Deutschen I S. 348 ff.
[2] Monumenta conciliorum generalium seculi XV. I S. 215.
[3] Höfler, Geschichtsschreiber der husitischen Bewegung I S. XXXI.
[4] Schmitt, Die Bamberger Synoden a. a. O. S. 26—27.
[5] Monumenta conciliorum seculi XV. I S. 74. 120. 138. 151. 175. 177. 181.

Wahrung materieller Interessen gehandelt habe, welche durch neue
Einfälle der Böhmen gefährdet schienen. So grossen Antheil die
„Hussenfurcht" an jenen Verhandlungen auch gehabt haben mag[1]), so
musste doch jeder der Betheiligten sich sagen, dass ein Paktiren mit
den durch die fürchterlichsten Bannsprüche verfluchten Ketzern als einer
gleichberechtigten Partei, wenn überdies Papst und Concil ihre Ein-
willigung versagten, einem Abfall von der Kirche mindestens sehr nahe
kam, und das umsomehr, als von den Husiten an die Spitze ihrer
Friedensbedingungen stets die Forderung der Prüfung und Anerkennung
ihrer Glaubensartikel gestellt wurde. Dies Gefühl mochten denn auch
diejenigen haben, welche den Hauptvertreter jener versöhnlichen Politik,
den Markgrafen Friedrich von Brandenburg, als einen heimlichen Husiten
und Verräther an der Sache der Kirche bezeichneten; in Böhmen selbst
haben solche Fabeln Glauben gefunden[2]). Dass im Uebrigen jener
illegale Verkehr der fränkischen Herren mit ihren böhmischen Nachbarn
in der That da und dort zu der von Nider befürchteten Abkehr vom
katholischen Glauben geführt hat, dafür liegen bestimmte Anzeigen vor:
die Ritter von Aufsess haben nach der Angabe des Kirchenbuches
der Schlosskapelle in Aufsess (im Maggendorfer Gebirge) um die Mitte
des 15. Jahrhunderts auf ihren Besitzungen die husitische Lehre ein-
geführt[3]). Mit dieser merkwürdigen Nachricht steht es ganz im Ein-
klange, dass wir im Jahre 1462 den mit Bischof Johann III. von
Würzburg in Fehde liegenden Ritter Kunz von Aufsess in der engsten
Verbindung mit mehreren böhmischen Herren finden, zu denen er nach

Die Ritter von
Aufsess treten zu
den Husiten
über.

---

[1]) Ueber die Unbotmässigkeit eines Würzburger Bürgers ge-
legentlich eines Auszugs gegen die Husiten im Jahre 1428 berichtet folgende Notiz
einer Handschrift der Würzburger Universitätsbibliothek: *item anno domini 1428 am
donerstag nach sant Veyts tag hat der rat mitsampt den virtelmeistern uffgesatzt,
das Eberhart Stewbe tzwene tag off dem turme hinder Katzenweykers gelegen
ligen sol und darnach 2 gerten lang mit sein selbs kalk und stein an der stat-
mauer dohin er dann bescheiden wirt mauern soll zü büss, das er williglichen
und unbeczwonglichen dem rat zu hatt gesagt an die Hussen selbander zu
reiten umb sult, des er dann ein gulden daruff hatt genomen und doch nach
mittage als man dann am andern tage frü uff sitzen solde, dem rate freven-
lichen wider absaget und das nicht tun wolt . auch ist erkant, das er furbasz
nicht mer tugende ist zu einen firtelmeister.*

[2]) Palacky, Urk. Beitr. I S. 547. v. Bezold, a. a. O. Abth. 3 S. 155—156.
Jaeck, Gesch. Bambergs II S. 111.

[3]) H. v. Aufsess, Histor. Entwicklung der kirchl. Verhältnisse zu Aufsess
1842 S 4. Kraussold und Brock, Gesch. d. fränk. Schweiz 1837 S. 84.

einer empfindlichen Niederlage des fränkischen Adels seine Zuflucht
nimmt, und welche ihrem Bundesgenossen durch die Gefangennahme
von Würzburgischen Unterthanen, unter ihnen auch mehrerer Geistlichen,
Sühne zu verschaffen suchen [1]).

Innere Zerrütt-
ung des Bisthums
Würzburg.   Wenn wir im Bisthum Würzburg vom Jahre 1429 bis zum
Jahre 1447 nichts mehr von Ketzerverfolgungen hören, so mögen wir
uns dies zunächst aus den unaufhörlichen Streitigkeiten und blutigen
Fehden zwischen dem Domkapitel und der Stadt Würzburg einerseits
und dem Bischof Johann II. andererseits zu erklären haben. Je heftiger
die Opposition gegen den verschwenderischen und gewaltthätigen Kirchen-
fürsten auftrat, desto weniger wählerisch wurde dieser in der Wahl seiner
Mittel: der Gefahr der Verbreitung des Husitismus zum Trotze warb
er im Jahre 1435 böhmische Söldner an, mit denen er gegen seine
Hauptstadt zu Felde zog [2]). Zur Vergeltung nannte der Pfleger des
Hochstiftes, Graf Albrecht von Wertheim, in der feierlichen Sitzung des
Baseler Concils am 30. December 1435 den Bischof einen „*Mordbrenner,
Zerstörer des Gottesdienstes, einen Verheerer der Land, Städt und
Leut, unersättlichen Vergiesser des menschlichen Blutes und einen
Prager Studenten.*“[3])

„*Von poses furnemen wegen*“, so urtheilt der ehrliche Eberhard
Windeck [4]) über die Würzburger Händel, „*kam es zu krige, also es
denne zu derselben stunt und zeiten stund, das alles und ungelucke
und unfride von der pfaffhait uffstund und das kom dovon, das die
pfaffhait so geirig was, das sie alle die werlt zu ir gewalt hetten
pracht.*“ Im Volke aber sang man mit Bezug auf die Fehden des
Bischofs Johann mit den Grafen von Wertheim [5]):

> Ich hore manichen in der gemeinde claffen
> uf der pfaffen übermüt,
> die zit si hie, dass man si sülle strafen:
> das ist die glůt,
> von der ich dicht, got well uns friden schaffen!

---

[1]) Fries, Historie der Bischoffen zu Wirtzburg a. a. O. S. 841.

[2]) Fries, a. a. O. S. 738. Auch Bischof Johann III. hat seiner Ritterschaft, die ihn von der Herbeirufung der „Ketzer“ abmahnte, zum Trotze im
Jahre 1462 böhmische Hülfstruppen angeworben. (Fries S. 828 u. 834).

[3]) Ebenda S. 753. 754.

[4]) Historia imperatoris Sigismundi cap. 182 in Mencken's Scriptores rerum
Germanicarum 1 S. 1241.

[5]) v. Liliencron, Die historischen Volkslieder der Deutschen 1 S. 359.

Der gemeine man ist worden inne
der heimlicheit der geistlicheit,
dass ir nit stellent wan uf zitlich gewinne;
der messikeit
ir achtent cleine und uf götlich gewinne!

Aber die Strafe ist schon nahe:

Es wart nie für so gross uss cleinen funken
bischof von Menz[1]), merk disen sinn:
es glůt ein schedelich für, wil mich bedunken,
giess waszer drin!
ein schemeliches spil das wil sich brunken,

Versehent irs nit, so mag uch wol gedihen,
dass man in uwerm lande sicht
von Behemer lande snöde ketzerie;
ob das geschicht,
versehent irs nit, so sprechen ich uch pfie!

Angesichts der geschilderten Verhältnisse ist es nicht zu verwundern, dass Bischof Gottfried IV. (1443—1455), der auf den gleichfalls mit dem Domcapitel vollständig zerfallenen Sigmund von Sachsen (1440—1443) gefolgt war, bei seinem Amtsantritt das Hochstift Würzburg in einem geradezu hoffnungslosen Zustande innerer Zerrüttung antraf und namentlich zu einem überaus heftigen Kampfe mit dem mehr und mehr erstarkenden Waldenser- und Husitenthume sich gezwungen sah. In den 1446 erlassenen Diöcesanstatuten werden dem Clerus nicht nur die früheren Bestimmungen über die Verfolgung der Ketzer in Erinnerung gebracht, sondern auch mit speciellem Nachdrucke der waldensische Satz von der subjectiven Bedingtheit der Wirksamkeit der Gnadenmittel verdammt[2]). Ebenso deutlich spricht sich die Angst vor den gefährlichen Irrlehren in den Würzburger Synodalstatuten vom Jahre 1452 aus, welche eine Aufzählung der sämmtlichen Ketzereien von den Zeiten der Apostel bis auf die Sekte der Waldenser herab enthalten[3]). Daneben entfaltete aber auch die

(Marginalie:) Verordnungen gegen Waldenser und Taboriten im Bisth. Würzburg.

---

[1]) Erzbischof Dietrich von Mainz hatte sich im Jahre 1437 mit Johann von Brunn gegen den Grafen Michel von Wertheim verbündet. Vgl. Liliencron, a. a. O. S. 356.

[2]) Himmelstein, Synodicon Herbipolense S. 234. 164. 257. 227.

[3]) Schneidt, Thesaurus juris Franconici. Abschn. II Heft 4 S. 630 ff. Himmelstein a. a. O. S. 281.

Inquisition eine ausserordentlich rührige Thätigkeit. Ein husitischer Reiseprediger, Friedrich Müller, hatte in Windsheim, Neustadt an der Aisch, Rothenburg an der Tauber und Ansbach zahlreiche Anhänger für *des Hussen lehr und sonst andere seltzame artickul* gewonnen. Im Frühling des Jahres 1447 wurden nicht weniger als 130 jener Ketzer ergriffen und nach Würzburg geführt, während Müller selbst sich noch zu rechter Zeit aus dem Staube machte. Dem Abte Johannes von Bronnbach und dem Domprediger Anthoni gelang es, sämmtliche Angeklagte zum Widerrufe zu bringen, so dass dieselben nach Auferlegung von kirchlichen Bussen bald wieder in ihre Heimath entlassen wurden[1].

Gefährlicher war der Kampf, welchen die Inquisition gleichzeitig mit dem waldensischen Prediger Friedrich Reiser, dem Verfasser der bekannten Tendenzschrift „Reformation des Kaisers Sigmund", zu führen hatte.[2] Im Jahre 1401 im Dorfe Deutach bei Donauwörth geboren, wurde Reiser schon frühe von seinem Vater, der ehedem ein „Meister" der Kunden[3] gewesen war, in der waldensischen Lehre unterrichtet. Im Alter von achtzehn Jahren brachte ihn sein Vater in das Haus des Nürnberger Kaufmanns Hans von Plauen, der ebenfalls der Sekte angehörte und den Sohn seines Freundes auf sein künftiges Amt als Reiseprediger vorbereitete. In Nürnberg lernte Reiser ausser zahlreichen waldensischen Meistern aus den verschiedensten Gegenden Deutschlands und der Schweiz um das Jahr 1418 den bekannten Prager Magister Peter Payne kennen, der schon damals die Herstellung einer Union zwischen den Husiten und deutschen Waldensern eifrig betrieb und nach dieser Richtung hin auf Reiser's spätere Thätigkeit gewiss von dem grössten Einfluss gewesen ist. Während der Jahre 1420—1430 durchwanderte Reiser einen grossen Theil von Deutschland und der Schweiz, bald als Prediger der waldensischen Gemeinden, bald als Kaufmann die Geschäfte seines Freundes Hans von Plauen besorgend.

---

[1] Fries, a. a. O. S. 801.

[2] Das Folgende nach Jung, Friedrich Reiser, in der Zeitschrift „Timotheus" II Strassburg 1822 S. 37 ff. Vgl. auch W. Boehm, Friedrich Reiser's Reformation des K. Sigmund 1876 S. 78—96.

[3] Bei Jung heissen Reiser's Glaubensgenossen gewöhnlich die „Bekannten", jedenfalls übersetzt aus „noti".

Zuletzt liess er sich in Heilsbronn [1]) bei Ansbach, wo er einen grösseren Kreis von Glaubensgenossen gewonnen hatte, dauernd nieder. Ein seltsames Geschick brachte Hans von Plauen und Reiser 1430 in die Gefangenschaft der Husiten, die für den Letzteren zum entscheidenden Wendepunkt seines Lebens wurde. Reiser war nämlich in Tabor und Prag mit taboritischen Priestern bekannt und befreundet geworden und hatte auch seinen alten Freund Peter Payne wieder gefunden, durch dessen Vermittelung ihn der taboritische Bischof Nikolaus zum Priester weihte.[2]) Nachdem er die böhmischen Gesandten nach dem Basler Concil begleitet hatte, kehrte Reiser nach Böhmen zurück und wurde von Procop dem Grossen in dem Städtchen Landscron als Geistlicher angestellt.

Um das Jahr 1434 treibt es ihn aber wieder nach Deutschland, wo er nun bis zu seinem Tode für die Verbreitung waldensischer Lehren, die aber seit seinem Aufenthalte in Böhmen sich mit manchem taboritischen Satze verbinden, thätig geblieben ist. Nach längerem Aufenthalt am Oberrhein, namentlich in Basel und Strassburg, finden wir ihn im Jahre 1440 wieder in Heilsbronn, sechs Jahre später bei Freunden in Heroldsberg bei Nürnberg, von wo aus er sich nach dem nördlichen Deutschland und wieder zurück nach Böhmen wandte. Seine bisherigen Erfahrungen mochten Reiser zur Ansicht gebracht haben, dass ohne die Unterstützung der Taboriten auf einen kräftigen Aufschwung des deutschen Waldenserthums nicht zu rechnen sei und dass ferner die mit der Zeit sich gegenseitig entfremdeten waldensischen Gemeinden durch eine feste Organisation zusammengehalten werden müssten. In Tabor wurde nunmehr die Aufstellung einer bestimmten Zahl von Reisepredigern für Deutschland verabredet, denen vier Bischöfe vorstehen

---

[1]) Mit Recht hat Boehm angenommen, dass mit dem bei Jung mehrfach genannten Orte Heilbronn, bez. Hollabrunn das mittelfränkische Städtchen Heilsbronn, nicht das württembergische Heilbronn bezeichnet sei. Vgl. namentlich die Angaben über die Erlebnisse Reiser's und seiner Freundin Anna Weiler bei Jung S. 246—247, wo neben „Heilbrunn" ausschliesslich im heutigen Ober- und Mittelfranken gelegene Orte (Baireuth, Nürnberg, Neustadt a. A., Windsheim) erwähnt werden. Die älteste Namensform von Heilsbronn war „Haholdesbrunnen" (Stillfried, Kloster Heilsbronn S. 2), daneben auch „Holtzprunn" (Oesterley, Histor. geogr. Wörterb. S. 268)

[2]) Vgl. Goll, Quellen und Untersuchungen zur Gesch. der Böhmischen Brüder Prag 1878 S. 27. 35. 106.

sollten; die oberste Leitung der waldensischen Kirche in Deutschland wurde in die Hand Reiser's gelegt, der von jetzt an den Titel führte: „Friedrich, von Gottes Gnaden Bischof der Gläubigen in der Römischen Kirche, welche die Schenkung Constantins verwerfen."[1]

In den folgenden Jahren haben sich Reiser und seinen Genossen, obwohl sie von den Böhmen reichlich mit Geldmitteln unterstützt wurden, stets wachsende Schwierigkeiten in den Weg gestellt. Die Inquisition, von den weltlichen Fürsten aus naheliegenden politischen Gründen eifrig unterstützt, zog das Netz um die Waldenser, die nunmehr allgemein der Verbreitung der socialen Umsturztheorien der extremen Taboriten verdächtig wurden, immer enger. Wenn Reiser vor dem Inquisitionsgericht zu Strassburg angibt, er sei zur Ueberzeugung gekommen, *ihr Ding sei, als ein Feuer, das erlöschen wolle*, so mag er dabei allerdings in erster Linie beabsichtigt haben, seine Richter milder gegen sich zu stimmen; immerhin scheint es, dass weiteren Fortschritten des Waldenserthums für eine Weile ein Ziel gesetzt war. Im Anfange des Jahres 1458, wenige Monate nach seiner Ankunft in Strassburg, wo er längere Zeit zu bleiben gedachte, wurde Reiser auf Befehl des strassburgischen Inquisitors Johannes Wegrauf verhaftet. Auf der Folter bekannte er sich als rückfälligen Ketzer, weil er in Würzburg um das Jahr 1446 die waldensischen Irrthümer abgeschworen, diesen Eid aber gebrochen habe. Es half ihm nichts, dass er nach wenigen Tagen jenes Geständniss, als durch die Folterqualen erzwungen, zurücknahm; zusammen mit seiner treuen Begleiterin Anna Weiler aus Franken wurde er verbrannt, seine Asche in den Rhein gestreut.

Waldenser-Gemeinden in Franken um die Mitte des 15. Jahrhunderts.
Von besonderem Interesse für uns sind die Anhaltspunkte, welche wir aus den vor dem Inquisitionsgerichte zu Strassburg gemachten Angaben des unglücklichen Waldenserbischofes für die Verbreitung der waldensischen Sekte in den einzelnen Gegenden und Städten Frankens gewinnen. Wie in Nürnberg, der Heimath des Hans von Plauen,[2] so hatten

---

[1] Diesen Titel kennt auch der Inquisitor Heinrich Institoris (Tractatus varii contra errores exortos adversus eucharistie sacramentum Nürnberg 1495 II Sermo II), der der Verurtheilung Reiser's beigewohnt zu haben scheint.

[2] Wenn dieser Waldenser, wie Jung (a. a. O. S. 61) wohl mit Recht annimmt, nach seinem Geburtsorte Plauen benannt worden ist (vgl. dagegen Boehm, a. a. O. S. 80), so gewinnen wir in ihm ein neues Mitglied der mehrfach erwähnten Waldensergemeinde in Plauen.

sich auch in Würzburg die Kunden bis zur Mitte des 15. Jahrhunderts erhalten. Um 1446 traten sie offen zusammen, feierten den Gottesdienst ohne Furcht und zogen, weil ihr Verein stadtkundig war, eine Menge Neugieriger herbei, von welchen viele wieder zu ihrem Glauben übergingen. Andere waldensische Gemeinden befanden sich in nächster Umgebung von Würzburg und wurden zu gleicher Zeit mit den früher erwähnten „Husiten" im Aisch- und Taubergrunde von der Inquisition verfolgt; als ihre Strafe wird die Verurtheilung zum Tragen von Busskreuzen angegeben.[1]) Von den Kunden in Schweinfurt nennt Reiser einen „Kunz Schmidt, sitzend in einer Gasse, als man von Thor uff den Markt geht; Jörg Schmidt, ebendaselbst, und seine Frau, sitzen nahe bei dem Markt u. s. w."[2]) In Windsheim finden wir den Waldenser Johannes Weiler, dessen Neffe Hans Weiler von Reiser zum Priester geweiht wurde; zu den Kunden gehörten ferner zwei Brüder auf einer einsamen Mühle bei Neustadt an der Aisch, welche in den Nachbargemeinden Anhänger für die Sekte warben. Von den Waldensern in Heroldsberg bei Nürnberg, wo Reiser um 1446 mit anderen waldensischen Reisepredigern eine Zusammenkunft hatte und von ihnen zu „einem Obern" erwählt wurde, war schon früher die Rede.[3])

Wenn uns unsere Vermuthung nicht täuscht, so hat die von Reiser längere Zeit geleitete Gemeinde in Heilsbronn den Tod ihres Lehrers, der, wie es scheint, den Inquisitoren in Strassburg unvorsichtige Mittheilungen über dieselbe gemacht hatte, nur wenige Jahre überdauert. Um das Jahr 1461 nämlich hören wir von einer blutigen Verfolgung der Waldenser im Bisthum Eichstädt, wo schon im Jahre 1447 über die rasche Verbreitung der Waldenser, Wiclifiten und Husiten Klage erhoben worden war;[4]) der Umstand, dass an der Spitze des von Bischof Johann III. eingesetzten Inquisitionsgerichtes der Abt Petrus Wegele von Heilsbronn gestanden hat, lässt in erster Linie an die dortigen Sektirer denken.[5]) Ihre Glaubenssätze tragen ganz und gar

[marginal note: Waldenser in der Diöcese Eichstädt 1461.]

---

[1]) Jung, a. a. O. S. 251.

[2]) Ebenda S. 38.

[3]) Ebenda S. 245. 247. 252.

[4]) Statuta ecclesiae Eystettensis 1484 Bl. 3ᵃ. 5ᵇ 7ᵃ.

[5]) J. Wolf, Lectiones memorabiles II S. 585. Hocker, Hailsbronnischer Antiquitätenschatz S. 219. Aus ihm J. H v. Falckenstein, Antiquitates Nord-

den Stempel von Reiser's waldensisch-taboritischen Lehren: sie fordern namentlich die Communion unter beiderlei Gestalt und erklären das Urtheil eines mit der Todsünde behafteten Richters für nichtig; die Priester sollen nur so viel, als sie für eine Mahlzeit bedürfen, besitzen; den ihnen bisher bezahlten Zehnten müsse man den Armen geben. Jeder unwürdigen obrigkeitlichen Person verweigern sie die Abgaben und den Gehorsam.

Nachdem der Gerechtigkeit durch die Verurtheilung eines Theiles der Angeklagten zum Scheiterhaufen genug geschehen, sandte Bischof Johann III. ein Verzeichniss der Irrlehren der bestraften Ketzer an andere Bischöfe, speciell auch an Bischof Arnold von Basel, in dessen Diöcese Reiser wenige Jahre vorher als Prediger gewirkt hatte; bei der Inquirirung der dortigen Waldenser mögen jene Mittheilungen gute Dienste geleistet haben.

Waldenser und Husiten im Fichtelgebirge, Frankenwalde und Voigtlande. Besonders tiefe Wurzeln hatte der Husitismus, wie es leicht erklärlich ist, in den Böhmen benachbarten Theilen Frankens gefasst, und die Gegenden des Fichtelgebirges, Frankenwaldes und des Voigtlandes haben bis gegen das Ende des 15. Jahrhunderts als Hauptsitz der böhmischen Ketzerei gegolten. Man muss sich dabei erinnern, dass das Waldenserthum schon im 14. Jahrhundert hier zahlreiche Anhänger gehabt und dass taboritische Prediger, wie Johann von Drändorf, mit den waldensischen Gemeinden frühzeitig in Verbindung traten. So gehörten die Eltern der Anna Weiler, der treuen Freundin und Leidensgenossin Friedrich Reiser's, einer dieser Gemeinden an: sie war aus einem in der Nähe von Baireuth gelegenen Dorfe gebürtig und bekannte, „den Unglauben von ihren Eltern zu haben."[1] Um das Jahr 1475 berichtet ferner Matthias von Kemnat, dass sich im Fichtelgebirge viele böhmische Ketzer befänden. „Aber was unmesslicher

---

gavienses I S. 208. Vgl. Perrin (Histoire des Vaudois S. 234), der unter dem Jahre 1457 von einer Verfolgung von Waldensern „du diocèse d'Eisten" berichtet, woraus bei Basnago (Hist. de l'église II S. 1439) „le diocèse d'Istein" geworden ist.

[1] Jung, a. a. O. S. 246—247. Zum mindesten einen hohen Grad von religiöser Indifferenz beweist der Ungehorsam, welchen die Bewohner zweier Ortschaften des Fichtelgebirgs, von Redwitz und Dörflonis, der Aufforderung ihrer Lehensherren zur Theilnahme am Kreuzzuge gegen die Husiten im Jahre 1427 entgegensetzten. Palacky, Urk. Beitr. I S. 550.

*grosser bosheit, schalckheit, buberei die Beckgart und Lolhart treiben
und die winkelprediger vor dem Behamer Walde"*, heisst es
an einer anderen Stelle, *„will ich zu diesem mall nit von schreiben,
dan es bedorfft meh schreiben, dan ein biblia inhelt . und der ver-
kerer und winckelprediger seint vast vil vor dem Behamer
walde besunders umb Eger und in der Voyt land."*[1]) In den ver-
steckten Gebirgsthälern mögen sich denn auch manche der sektirerischen
Gemeinden bis auf die Zeit der Reformation herab erhalten haben: in einem
Gerichtsbuche von Münchberg finden wir die Angabe, dass im Jahre
1515 ein Bauer von Markersreuth vor Gericht erschien, weil er einen
Anderen einen „heimlichen Ketzer" genannt hatte.[2]) Im gleichen Jahre
war es, als Wimpheling die Befürchtung aussprach, dass, wenn nicht
eine Reformirung des Clerus erfolge, das „böhmische Gift" immer weiter
um sich greifen werde und zwei Jahre später (1517) schreibt der Nürnberger Willibald Pirkheimer, zweifellos auf eigene in seiner fränkischen
Heimath gemachte Beobachtungen sich stützend, dass den Verfolgungen der Theologen zum Trotz die husitische Lehre von Tag zu Tag
neue Anhänger gewinne.[3])

Es ist bezeichnend für die Stellung Frankens innerhalb der religiösen
Reformbewegung des Mittelalters, dass zu der gleichen Zeit, in der sich
Luthers Lossagung vom Papstthum vorbereitete, auch in dem Clerus
der Bamberger und Würzburger Diöcese Spuren einer offenen Auflehnung
gegen die Lehren der Kirche zu Tage treten. So war zu Anfang des
16. Jahrhunderts in Würzburg der wegen seiner Sittenstrenge und seiner
Beredtsamkeit hochberühmte Domprediger Dr. Johann Reiss als
erklärter Feind der Mönchsorden und des Ablasses bekannt, der Inhalt
einzelner seiner Schriften galt für ketzerisch.[4]) In noch heftigerer Weise
trat Johann Sörgel, als Pfarrer von Hof (seit dem Jahre 1511) der
Nachfolger des mit Unrecht unter die Vorläufer der Reformation

(Marginalie:) Oppositionelle Stimmen unter dem fränkischen Clerus zu Anfang des 16. Jahrhunderts.

---

[1]) Quellen und Erörterungen zur Bayerischen und Deutschen Gesch. II S. 83. 109.

[2]) Archiv f. Gesch. u. Alterthumsk. v. Oberfranken XII, 3 1874 S. 42.

[3]) Hagen, Deutschlands literarische u. religiöse Verhältnisse im Refor-
mationszeitalter I S. 480. 463.

[4]) Scharold, Martin Luther's Reformation in nächster Bezieh. auf d.
damal. Bisthum Würzburg S. 51 und Anhang S XVII—XX. Boecking, Hutteni
operum supplementum I S. 253—255 II S. 455.

gesetzten Theodorich Morung [1]), gegen verschiedene Lehren der Kirche
auf. Ganz in waldensischem Geiste eiferte er den uns erhaltenen spär-
lichen Nachrichten zufolge namentlich gegen den Ablass, die Wallfahrten,
die Anrufung der Heiligen und die Verehrung der Bilder. Ihm folgte
im Jahre 1517 Johann Holler, der gleichfalls gegen den Ablass
predigte und es durch seine gegen Tetzel gerichteten Angriffe dahin
gebracht haben soll, dass ein Theil des in den Baireuthischen Landen
gesammelten Ablassgeldes zurückgehalten wurde. Nach Rom citirt,
sandte er an den Papst ein Entschuldigungsschreiben und erkaufte durch
eine Summe Geldes seine Absolution. [2])

Ist es gestattet, aus dem rückhaltslosen und dennoch ungeahndet
gebliebenen oppositionellen Auftreten der genannten Geistlichen Rück-
schlüsse auf die erregte Stimmung der Bevölkerung Frankens und deren
lebhaftes Interesse an den religiösen Zeit- und Streitfragen an der
Scheide des 15. und 16. Jahrhunderts zu ziehen, so mögen wir hierin
wohl die letzten Wallungen der durch die waldensischen und husitischen
Missionäre hervorgerufenen mächtigen Bewegung der Geister erkennen:
dass diese gerade in Franken alle Kreise des Volkes durchdrungen
hatte, zeigte die geradezu unbegreiflich rasche Aufnahme, welche die
Lehren Luther's in dem genannten fränkischen Gebiete gefunden haben.

Oppositionelle Richtungen in den breiten Schichten des Volkes ausserhalb der Sekten. Wir würden unsere Aufgabe, ein Bild nicht nur der äusseren
Geschichte, sondern auch der inneren Entwicklung der religiösen Sekten
in Franken zu entwerfen, nicht vollständig gelöst haben, würden wir
nicht, wenn auch nur mit wenigen Worten, jener oppositionellen Richtungen
gedenken, die sich ausserhalb des Sektenthums seit dem 13. Jahrhundert in den breiten Schichten des Volkes gegen die Lehren
und die Hierarchie der Kirche geltend machten. So schwer es ist, eine
Entscheidung darüber abzugeben, ob diese volksthümliche Opposition

---

[1]) L Kraussold (Dr. Theodorich Morung der Vorbote der Reformation
in Franken II S. 62) kommt zu dem Resultate, dass Morung keines Ver-
gehens überwiesen wurde, ausser dass er wie viele seiner Zeitgenossen sich gegen
das Ablasswesen mehrfach ausgesprochen hatte. Der angebliche Vorbote der
Reformation erwirbt sich im Jahre 1501 in Rom die Gunst des Papstes und zeigt
sich als gewandten, in allen Intriguen des päpstlichen Hofes erfahrenen Diplo-
maten (Kraussold, a. a. O. S. 63).

[2]) Fränckische Reformations-Geschichte Nürnberg 1731 S. 13—14. Die
Angaben Jäck's (Materialien zur Gesch. u. Statistik Bambergs II S. 113) über
die beiden Hofer Geistlichen sind aus dieser Quelle ungenau wiedergegeben.

sich völlig unabhängig von den Sekten gebildet hat, ob in den letzteren
vielleicht nur einzelne der im Volke erwachsenen und verbreiteten Reform-
ideen zu einem System von Glaubenssätzen zusammengefasst oder ob
umgekehrt erst von den Sekten aus der Geist des Zweifels und der
Negation in die grosse Menge hinausgetragen wurde — auf alle Fälle
steht es fest, dass beide Formen des Widerstandes gegen die kirchliche
Autorität mit der Zeit in die mannichfachsten gegenseitigen Beziehungen
zu einander treten mussten. Bis auf die Husitenkriege herab — die
Geisslerbewegung, in der beide Richtungen für einen Augenblick vollständig in einander fliessen, müssen wir ausnehmen — mochten freilich
wenige Berührungspunkte zwischen den Sekten und der in den Massen
gährenden Unzufriedenheit mit der Ordnung der kirchlichen Verhältnisse
sich ergeben. Wie es natürlich ist, waren es nicht die durch jahrhundert-
lange Ueberlieferung und Gewöhnung geheiligten Dogmen, gegen welche
im Anfange jene volksmässige Opposition ihre Angriffe richtete: ein
Zweifel an der Autorität der kirchlichen Tradition oder der Unfehlbarkeit der Concilien setzte ein ganz anderes Maass von geistiger Selbständigkeit und namentlich eine weit innerlichere und tiefere Auffassung der
religiösen Fragen voraus, als sie sich in den grossen Massen des zum
guten Teile verwilderten und verwahrlosten Volkes hatte entwickeln
können. Dagegen die häufigen Verletzungen der Moral seitens des
hohen und niederen Clerus, die Anhäufung des Grundbesitzes in der
Hand der Kirchenfürsten, Stifter und Klöster, die Einmischung der
Bischöfe in die blutigen Fehden der weltlichen Fürsten — das waren
Dinge, die, einmal in Discussion gezogen, tagtäglich neuen Stoff zu
unmuthigen Klagen geben und unmerklich auch zu der Kritik einzelner
kirchlichen Institutionen, namentlich des so vielfach missbrauchten
Ablasses und Interdiktes führen mussten. Aeusserst verhängnissvoll war es daher, dass jener Unwille des Volkes über die Ent-
artung und Verweltlichung der Geistlichkeit im Anfang des 15. Jahrhunderts durch neue Excesse bis zu leidenschaftlichem Hasse gesteigert
wurde [1]), während gleichzeitig die böhmische Revolution ihre radikalen

---

[1]) Windeck, a. a. O. S. 1206 über die Wirren zwischen der Stadt Bamberg und ihrem Bischof im Jahre 1428: *Also stunt es in der Cristenhait mit
der Pfaffhait, wo man poses horte oder krig wer, und man fragte, wer tut das,
so hies es, der bischoff, der probst, der herrliche dechan, der pfaff etc. und
waren die layen von den gaistlichen so sere uberladen, das es nit wunder were*

Theorien von der Neuordnung der Kirche und der Gesellschaft in die
Welt hinausschleuderte.

Clerus u. Bürger-
thum in Franken
im 13. und 14.
Jahrhundert.

Es ist nicht zu verwundern, dass unter der Bevölkerung Frankens,
die sich schon während des Mittelalters ebenso durch ihre Liebe zur
Freiheit und ihr selbstbewusstes Auftreten, wie durch ihre Reizbarkeit
und die schnelle Erfassung neuer Ideen auszeichnete [1]), in jener Periode
ein überreicher Zündstoff sich angesammelt hatte. In Franken, wahrscheinlich in Bamberg, war zu Ende des 13. Jahrhunderts jenes weit
verbreitete und beliebte Volksbuch des Mittelalters, der „Renner" des
Bambergischen Magisters Hugo von Trimberg, entstanden, der mit
unerhörter Kühnheit die Schäden der Kirche aufdeckte, die Geistlichkeit,
die päpstliche Curie nicht ausgenommen, der gröbsten Laster zieh und,
wenn auch in verhüllter Weise, die Bibel im Gegensatze zu den kirchlichen Dogmen als Quelle der Wahrheit und Religion bezeichnete. In
Würzburg und Bamberg, wie in Eichstädt lagen ferner die Städter mit
den Bischöfen seit Jahrhunderten in unaufhörlichem Streite, und es
hatte an blutigen Zusammentreffen zwischen Volk und Clerus nicht
gefehlt. Um nur die entscheidendsten jener Kämpfe zu erwähnen, so
war schon im Jahre 1237 der Bischof Friedrich II. von Eichstädt
sammt dem Domcapitel aus seiner Hauptstadt verjagt worden; die
aufrührerischen Bürger wählten aus ihrer Mitte Bischof und Capitel,
plünderten die Schätze der Domsakristei und trotzten zwei Jahre lang
dem über sie ausgesprochenen Interdikte. [2])   Im Bisthum Würz-

Der Städtekrieg
im Hochstift
Würzburg.

burg kam es nach einer langen Reihe von Kämpfen und Fehden
zwischen den Bischöfen und den nach Selbständigkeit und Reichs-
standschaft strebenden Städten im Jahre 1397 zu blutigem Bürgerkriege.
Mit genauer Noth entrann Bischof Gerhard den ihn verfolgenden
Empörern; zwei seiner Anhänger wurden ermordet, die treu gebliebenen

---

gewesen. hett es Gott nit selber versehen, dass die Hussen und die ketzer ettwas
vil grosser und vast stercker gewesen, wenn sulches unpilliches zu vaste vil auf
ertrich al umb und umb was. Vgl. auch Höfler, Ruprecht von der Pfalz 1861
S. 380—404.

[1]) Trithemius, Annales Hirsaugienses II S. 488: (populus) natura
movetur ad nova et semper quaerit jugum excutere dominantis. — Joann.
Boëmus Aubanus, Omnium gentium mores, leges et ritus Lugd. 1535 S. 214:
insolens gens est superbaque, multum sibi arrogans, multum praesumens.

[2]) Sax, Versuch einer Gesch. des Hochstiftes u. der Stadt Eichstädt S. 77.

Domherrn beraubt, misshandelt und gefangengesetzt, Klöster und Stifter gestürmt und geplündert.[1] Nachdem der erste, entscheidende Schritt geschehen, hören wir auch schon Stimmen, die sich für den offenen Abfall von der Kirche und im engsten Zusammenhang damit für eine sociale Revolution erklären. Einem der demokratischen Rädelsführer legt das uns erhaltene zeitgenössische Gedicht von dem Würzburger Städtekrieg[2] die Worte in den Mund:

Ob niemer messe gesungen wurde
das wär mir gar ein lichte burde!

Ein Anderer schliesst sich ihm mit den Worten an:

Ich wolde nit ein heller geben
um alles singen unde lesen,
das mocht in drissig jaren gewesen
ze Wirzburg hie in unser stat!
wir essn und trinken dannoch sat
ungesungen und ungelesen.

Ein dritter Parteiführer macht endlich den Vorschlag:

Wann wir die pfaffen hie vertriben
und selber herrn im stifte bliben
unser sune ze tůmherrn machen,
des werden sie gar frolich lachen.
lat uns die frauwenkloster stören:
unser dochter drin gehören!
das bringt uns allen kleinen schaden,
der edlen wolln wir sin entladen,
all ir getreide unde win
das muss unser eigen sin

— — — — — — — — — —

die Juden wollen wir fahen alle,
so leben wir mit friem schalle;

— — — — — — — — — —

der pfaffen unde Juden gůt
das macht uns all ein frien můt.

Wir sehen aus diesen Sätzen, die gewiss in der Hauptsache die Stimmung des grossen Haufens getreu wiedergeben, welch eine unausfüllbare Kluft den Clerus von dem demokratischen Bürgerthum trennte;

---

[1] Vgl. Wegele, Fürstbischof Gerhard und der Städtekrieg im Hochstift Würzburg.

[2] v. Liliencron, Die histor. Volkslieder der Deutschen I S. 161—195, Vers 485—524.

auch von anderer Seite erfahren wir [1]), dass, was schon seit langem in
Aller Munde war, jetzt zur Losung des Tages wurde: *Man soll die
pfaffen erschlagen!*

Die deutschen
Bauern sympa-
thisiren mit den
Husiten u. drohen
mit einer socia-
len Revolution.

Die Zeit der Husitenkriege führte den trotz blutiger Niederlagen
immer wieder zur Autonomie emporstrebenden Städtern als Bundesgenossen im Kampfe gegen die Hierarchie das Bauernthum an die
Seite. Nicht umsonst hatten die Taboriten in ihren Manifesten es den
Deutschen zugerufen [2]): *„Christus hat die priesterschafft auffgesazt,
das sie sein schullen arm!"* Was schon vor Jahrhunderten die Prophezeiungen verkündet, woran man aber nur verstohlen zu denken gewagt,
der alte Traum, dass die Reichen arm, die Armen reich gemacht würden,
er schien in Böhmen sich zu verwirklichen: war man doch dort daran,
die politischen Verhältnisse auf communistischer Grundlage neu zu
ordnen [3]), Alles *gemein zu machen!* — Reissend schnell hatte das
„böhmische Gift" die Rechtgläubigkeit der von seinen adeligen, fürst-
lichen und geistlichen Bedrückern furchtbar misshandelten [4]) deutschen
Landbevölkerung zerfressen; im Jahre 1432, das die Bauern im Bisthum
Worms und im Erzbisthum Salzburg in offener Empörung sah, sprach
Peter Bruneti, der Notar des Basler Concils, die Befürchtung aus, dass
alle Bauern in Deutschland sich zu den Husiten schlagen würden. [5])
Gewiss war es nicht zum Letzten diese Erkenntniss von der oppositionellen
Stimmung in Deutschland, welche das Council in Basel die Versöhnung
mit den Böhmen und die Anbahnung der kirchlichen Reformen be-
schleunigen liess, und es war bezeichnend genug, dass man die Inquisitoren aus allen christlichen Ländern im Jahre 1431 nach Basel beorderte,
um von ihnen über die täglich sich mehrenden Angriffe gegen den
Glauben Aufschluss zu fordern. [6])

---

[1]) Chronici Moguntini miscelli fragmenta, zum Jahre 1404 bei Böhmer,
Fontes rerum Germanicarum IV S. 387: *Et sic quod antiquitus dictum verificatum
est jam quod vulgariter sonat: Man soll die pfaffen schlagen!*

[2]) Windeck, a. a. O. S. 1233.

[3]) Zöllner, Zur Vorgeschichte des Bauernkrieges Dresden 1872 (Gym-
nasialprogramm) S. 41 ff.

[4]) Vgl. Boëmus, a. a. O. S. 201: *(Nobilitas) subditos rusticos irremissa
servitute exercet, incredibile dictu, quantum miseros et infelices homines vexet,
quantum exigat. Esset Germania nostra ter quaterque felix, si centauri isti,
Dionysii et Phalarides ... ejicerentur.*

[5]) Palacky, Urkundl. Beitr. II S. 268.

[6]) Monumenta conciliorum general. seculi XV. 1 S. 122.

In Deutschland und namentlich auch in Franken war es freilich zu spät, die Flamme der Empörung gegen die Hierarchie zu dämpfen; sie erhielt vielmehr im Laufe des 15. Jahrhunderts um so reichere Nahrung, als der grössere Theil der niederen Geistlichkeit durch seine unmoralische Lebensführung alles Ansehen bei dem Volke verlor, während der hohe Clerus seine und der Kirche Interessen mehr und mehr mit denen des verhassten Ritterstandes identificirte oder den Forderungen der öffentlichen Meinung zum Hohne in blutigen Fehden mit seinen Nachbarn, besonders aber mit den Reichsstädten Ruhm und Ehre suchte. [1]

---

[1] Vgl. Windeck, über die Fehde des Bischofs von Bamberg mit seiner Hauptstadt im Jahre 1428 a. a. O. S. 1206. Der furchtbaren Zerrüttung, in welche das Hochstift Würzburg während der Regierung des Bischofs Johann II. gerieth, haben wir schon früher gedacht, ebenso der Kämpfe, welche nach Beendigung der Hussitenkriege zwischen dem Bischof und der Bürgerschaft von Bamberg entbrannten. Auch in Eichstädt kam es 1474 und 1478 zu neuen Aufständen der Bürger gegen das entartete Domcapitel (Sax, a. a. O. S. 172. 173). Die Stiftsherren in Feuchtwangen beklagten sich im Jahre 1504 bei dem Markgrafen Friedrich von Brandenburg, dass das Volk keine Achtung mehr vor ihnen habe, dass man ihnen in der Kirche Spielkarten vorzeige, Tag und Nacht vor ihren Häusern Spottlieder singe und laut ausrufe: „Es thue kein gut, man schlage denn die Pfaffen todt!" (Jacobi, Geschichte von Feuchtwangen Nürnberg 1833 S. 48). In Würzburg wurde im Jahre 1484 der Domherr Heinrich von Würtzburg des Todtschlags und schwerer Körperverletzung beschuldigt (Scharold, Luthers Reformation in Bez. auf d. Bisth. Würzb. S. 23), im Jahre 1516 der Domherr Heinrich von Würtzburg und der Chorherr von Neumünster, Hans Mauss, wegen im Frauenhaus verübter Gewaltthätigkeit bei dem Rathe verklagt (Würzburger Rathsprotokolle 1510—1517 fol. 204ᵇ). Im Jahre 1518 werden abermals mehrere Domherren wegen Theilnahme an einer blutigen Rauferei bestraft (Scharold, a. a. O. S. 94). Aehnliche Excesse, Schlägerei, Mord und Unzucht berichtet von sechs Hofer Geistlichen Widmann's Chronik der Stadt Hof zum Jahre 1505 (Ausgabe von Wirth Hof 1843 S. 86); wegen eines 1501 zu Baireuth durch einen Priester verübten Mordes erliess der markgräfliche Hauptmann Cunz von Wirsberg den Befehl, künftig jeden Geistlichen, der Nachts ohne genügende Entschuldigung ausserhalb seiner Wohnung angetroffen würde, auf einen Karren zu schmieden und nach der Plassenburg zu schicken (Heller's Chronik der Stadt Baireuth. Arch. f. Bayreuth. Gesch. und Alterthumsk. I 1828 Heft 2 S. 149). Ueber die im Stifte Oehringen um 1490 eingerissene sittliche Verwilderung und die zu ihrer Beseitigung von den Grafen von Hohenlohe ergriffenen Massregeln vgl. Hansselmann, Vertheidigte Landeshoheit des Hauses Hohenlohe 1757 S. 114 ff. In Kulmbach beschuldigte im Jahre 1500 die Stadtgemeinde den dortigen Pfarrweser, dass er durch seine Leichtfertigkeit und die Vernachlässigung seiner Amtspflichten das Volk dem Glauben entfremde, so dass Opfer und Vermächtnisse völlig zu fliessen aufhörten

Mächtig bricht die revolutionäre Stimmung in Süddeutschland in dem zeitgenössischen Liede über den sogenannten **Markgrafenkrieg** (1449—1450), der besonders nahe die fränkischen Bisthümer berührte, hervor[1]):

Ich bitt dich, herr, hab uns in deiner hüt!
wann die häupter, die cristenhait regiern
und den hailgen glauben sollen ziern,

(**Dorfmüller**, Aeltere kirchliche Geschichte von Kulmbach. Archiv f. Bayreuth. Gesch. und Alterthumsk. I 1828 Heft 3 S. 126—128). Der Versuch, die Ordensreform in den fränkischen Klöstern einzuführen, gelang nur zum Theil und drohte sogar, als das Kloster Michaelsberg bei Bamberg 1463 mit fremden, nicht dem fränkischen Adel angehörenden Mönchen besetzt wurde, einen blutigen Bürgerkrieg zu entzünden (**Höfler**, Der Charitas Pirkheimer Denkwürdigkeiten. Quellensamml. zur fränk. Gesch. IV 1852 S. XV ff.). Ein Breve des Papstes Leo vom Jahre 1513 beschuldigt die Nonnen des Klosters Eugelthal bei Nürnberg der gröbsten Unsittlichkeit; der Reformation des Klosters widersetzten sich dieselben im gleichen Jahre mit Gewalt, so dass sie in Ketten gelegt wurden. Dennoch traten zahlreiche fränkische Adelige auf ihre Seite und legten bei dem Kaiser Beschwerde gegen die geschehene Reformation ein, die die Interessen des Adels schädige. Als der Dominikauerprovincial Grymann von Strassburg im Jahre 1508 das Kloster visitirte, liess er sich daselbst zum Tanze aufspielen und trieb sechs Tage lang „als ein wilder Mönch seltsame Possen mit den Klosterfrauen." (**Martini**, Beschreibung des Frauenklosters Eugelthal 1798 S. 39 ff.) In Würzburg sah sich der Rath im Jahre 1521 zum Einschreiten gegen die Mönche des Schottenklosters veranlasst, die zum allgemeinen Aergernisse bei Nacht auf Leitern aus den Fenstern ihrer Zellen stiegen (Würzburger Rathsprotokolle 1518—1525 fol 96ᵇ) etc. Um so anerkennenswerther waren unter diesen Verhältnissen die strengen Maassregeln, welche von den Bischöfen von Würzburg und Bamberg gegen die unter ihrem Clerus sich verbreitende Sittenverderbniss ergriffen wurden. So erliess Bischof Rudolf II. von Würzburg im Jahre 1494 ein Mandat, worin den Geistlichen das Tragen unanständiger oder kostbarer Kleider, von Waffen und Schmucksachen verboten wurde (**Fries** a. a. O. S. 864). Gleichen Inhalt hatte eine Verordnung des Bischofs Lorenz und des Domkapitels vom Jahre 1507, die überdies den Geistlichen das Herumschwärmen bei Nacht untersagte und bei einem Theil des Clerus heftigen Widerspruch hervorrief. (**Scharold**, a. a. O. S. 65) Mit schonungsloser Strenge rügten endlich Bischof Georg III. von Bamberg im Jahre 1506 (**Schmitt**, Die Bamberger Synoden a. a. O. S. 186) und Bischof Conrad III. von Würzburg in einem Mandate vom Jahre 1521 die schlechten Sitten der Geistlichen ihrer Diöcesen und erklärten, künftig unerbittlich gegen dieselben einschreiten zu wollen (**Himmelstein**, Synodicon Herbipolense S. 307 ff.)

[1]) v. Liliencron, a. a. O. I S. 415—416.

die sicht man in dem krieg den raien fürn :
bischof von Menz der fürt den raien vor
— — — — — — — — — — — —

der bischof von Babenberg tanzt im nach
bischof von Aistet springt den raien auch
dem almusen ist zkriegea worden gach;
vil hailger väter haben den glauben gmert
und haben gross volk zum cristenglauben kert:
der glaub durch si wirt widerumb zerstört;
o herre got! das laid tü ich dir klagen,
ich hob gehört, man vinds durch die weissagen:
es kum darzü, dass pfaffen werden erschlagen.

Das Jahr 1476 schien dazu bestimmt, diese Prophezeiung und die weitverbreiteten Hoffnungen auf eine „neue Veränderung in aller weiten Welte Zungen", auf die Entstehung einer „neuen Sekte", und auf das Erscheinen des Antichrists[1]) in Erfüllung gehen zu lassen. Mit Blitzesschnelle durchflog in jenem Jahre die Gauen Süd- und Mitteldeutschlands die wunderbare Kunde, dass die heilige Jungfrau dem Hirten und Sackpfeifer Hans Böhm aus Helmstadt in Franken die Verkündigung des wahren und reinen Gotteswortes aufgetragen und das Dorf Niklashausen im Taubergrunde, wo Böhm sein Predigtamt begann, unter ihren besonderen Schutz genommen habe[2]). Worin bestanden aber die Wahrheiten, die Hans Böhm, der, wie es sich bei seiner Vernehmung herausstellte, nicht einmal mit dem Vaterunser bekannt war, seinen Zuhörern vortrug, was waren die Erwartungen, welche die Tausende und aber Tausende von frommen Wallern von den Ufern des Bodensees, vom Rheine und von der Donau, aus den Wäldern Thüringens und des Harzes mit unwiderstehlicher Gewalt zu der Kapelle von Niklashausen und zu den Füssen des „heiligen Jünglings" geführt haben? Das Geheimniss des fabelhaften Erfolges von Hans Böhms Auftreten als Prediger war nichts Anderes, als dass er als Eingebung Gottes vortrug, was in der Form unbestimmter Vorstellungen, Hoffnungen und

Margin-Hinweis: Hans Böhm in Niklashausen 1476.

---

[1]) Vgl. die Prophezeiung in dem Volkslied vom Kölner Krieg des Jahres 1475 bei Liliencron a. a. O. II S. 57.

[2]) Ueber Böhm vgl die erschöpfende Darstellung von Barack im Archiv des histor. Vereins von Unterfranken XIV, 3 S. 1—108. Vgl. auch Gothein, Religiöse Volksbewegungen vor der Reformation Breslau 1878 (Habilitationsschrift) S. 10 ff.

Wünsche seit langen Jahren die Gemüther seiner Zuhörer erfüllte, dass
er vor Allem ihrem leidenschaftlichen Verlangen nach einer s o c i a l e n
R e v o l u t i o n, die in erster Linie sich gegen den Besitz des Clerus
richten sollte, durch die Weissagung eines nach göttlichem Rathschlusse
bevorstehenden Umsturzes aller bestehenden Verhältnisse eine religiöse
Weihe verlieh.

> *Wir wollen Gott vom Himmel klagen,*
> *Kyrie eleyson,*
> *Dass wir Pfaffen nit sollen zu todt schlagen,*
> *Kyrie eleyson!*

— so lautete eines der Lieder der fanatisirten Wallfahrer.

Die Grundelemente von Böhms Lehren sind im Uebrigen fast

Socialistische
Grundelemente
von Böhm's
Lehren.
dieselben, wie sie uns in den Sätzen der Sekte von Schwäbisch-Hall,
der deutschen Kaisersage des 13. und 14. Jahrhunderts und in der
Prophezeiung auf das Jahr 1348 entgegentreten: dort wie hier wird
dem Papste seine Absetzung, dem Clerus ein allgemeines Blutbad in
Aussicht gestellt; durch die Einziehung der Güter der geistlichen und
weltlichen Fürsten und der Ritterschaft soll die Armuth aus der Welt
geschafft, der Unterschied der Stände beseitigt, das Reich Gottes auf
Erden begründet werden. In einem Punkte dagegen steht das Programm
des Pfeifers von Niklashausen mit den früheren Weissagungen in
schneidendem Gegensatze: während diese die Hauptrolle bei der Neuordnung der Dinge dem zu neuer Herrlichkeit erhobenen Kaiserthume
zutheilen, findet dieses in Böhm's Visionen keine Stelle mehr: der
Kaiser ist ihm ein Bösewicht, wie die anderen Fürsten alle; im besonderen
Auftrage der Jungfrau Maria verkündet er, dass es künftig weder Kaiser,
noch Fürsten, noch sonstwelche geistliche oder weltliche Obrigkeit mehr
geben, sondern ein Jeder des Anderen Bruder sein solle. Nicht auf
das Wiedererscheinen des Kaisers Friedrich, sondern auf die Gewalt
der Waffen setzt darum Hans Böhm, in diesem Punkte nichts weniger
als ein unpraktischer Träumer, seine Hoffnungen: Auf den 13. Juli
1476, hatte er den Wallern befohlen, mit ihren Wehren in Niklashausen zu erscheinen, da er ihnen auf Befehl der heiligen Jungfrau
drei Worte zu sagen habe. Es ist kein Zweifel, dass an diesem Tage
die R e p u b l i k a u f c o m m u n i s t i s c h e r G r u n d l a g e ausgerufen
werden sollte, und allgemein trugen sich Böhm's Anhänger mit der
Erwartung, dass die demokratischen Schweizer, die vor Kurzem die
burgundische Macht niedergeworfen hatten, den fränkischen Bauern zu
Hülfe ziehen würden.

Die Gefangennahme Böhm's durch eine Abtheilung Würzburgischer
Reiter und die Zersprengung der zur Befreiung des Propheten vor den
Marienberg gezogenen Waller machte jenen Träumen ein jähes Ende.
Auch die Furcht des Würzburger Rathes vor einem Aufstand der mit
den Bauern sympathisirenden städtischen Bevölkerung erwies sich als
unbegründet [1]). Wie mit einem Schlage schien die revolutionäre Stimmung
im Volke erstickt, die sociale Frage für immer von der Tagesordnung
abgesetzt.

Dass dem nicht so war, sondern dass die Hoffnung auf das Erscheinen einer neuen Aera im Volke ungemindert fortlebte [2]), zeigen die
schon zu Ende des 15. Jahrhunderts beginnenden Klagen über die
republikanischen Neigungen der fränkischen Landbevölkerung, vor Allem
aber der Bauernkrieg des Jahres 1525, der zum letzten Male die Ver-
wirklichung des grossen religiös-socialistischen Programms des Mittelalters
versuchte und in welchem abermals den fränkischen Bauern die Führung
zufiel. Wie der Ausgang dieses Kampfes das Schicksal des deutschen
Bauernthums auf Jahrhunderte hinaus entschied, so wurde er auch für
die Entwickelung des Protestantismus in doppelter Weise verhängnissvoll:
Einmal verlor Luther durch seine Parteinahme gegen die bäuerliche und
städtische Demokratie einen grossen Theil seiner Popularität gerade in
den Kreisen, denen er seine bisherigen Erfolge hauptsächlich verdankte;
zweitens aber schloss die von jenem Zeitpunkt an sich mehr und mehr
verfestigende lutherische Dogmatik alle mit ihrem Symbol nicht über-

Der Bauernkrieg des Jahres 1525.

---

[1]) Vgl. das bei Barack nicht abgedruckte Schreiben des Würzburger
Rathes an das Capitel in den Würzburger Rathsprotokollen dieses Jahres (fol. 283 a),
in welchem die Vorkehrungen besprochen werden, die für den Fall, dass *sich
hinfürmere tyniche aüfflewfe vnd aüffrüre begeben* ergriffen werden sollten.
Wir erfahren aus demselben auch, dass die Stadt von dem Bischof Rudolf nach
der Zersprengung des Bauernheeres um ihr „roysiges Zeug" angegangen worden war.
[2]) Vgl. das Volkslied von den „Heidingsfelder Schweizern" vom Jahre 1499
Liliencron a. a. O. II S. 360):

der Schweizer art will sich regen
Und die böswicht erwegen,
gegen iren herrn entpören;
ist schand von Franken zu hören,
die man vor hat geert!
Helft ir hern, dass es werd gewert
und nehet es zu rechter zeit,
e dass das loch werd mi weit.

einstimmenden, wenngleich der Römischen Kirche feindlich gegenüber-
stehenden Elemente von der protestantischen Reformbewegung aus und
trieb namentlich das aus der waldensisch-taboritischen Sekte hervor-
gegangene Wiedertäuferthum den anarchistischen Parteien in die
Arme. Es war dann nur eine nothwendige Consequenz, dass, wie im
übrigen Deutschland, so auch in Franken die Wiedertäufer, dieser letzte
wilde Schössling des mittelalterlichen Sektirerthums zum grossen Theile
den Verfolgungen evangelischer Fürsten und Städte zum Opfer fielen.

www.ingramcontent.com/pod-product-compliance
Lightning Source LLC
Chambersburg PA
CBHW022031080426
42733CB00007B/797